TRAME DI CINEMA

DANILO DONATI
E LA SARTORIA FARANI

TRAME DI CINEMA

COSTUMI DAI FILM DI CITTI,
FAENZA, FELLINI, LATTUADA,
PASOLINI E ZEFFIRELLI

a cura di / edited by
Clara Tosi Pamphili

SilvanaEditoriale

In copertina / Cover
Costume del *Fiore delle Mille e una Notte*
Costume of *Arabian Nights*

p. 2
Danilo Donati sul set di *Marianna Ucria*
di Roberto Faenza / Danilo Donati on the set
of *Marianna Ucria* by Roberto Faenza
© Gianfranco Salis

p. 8-9
Danilo Donati e / and Federico Fellini.
Sulla foto, in alto a sinistra, la dedica di Federico Fellini
On the picture, above on the left, the dedication by
Federico Fellini:
"Caro Daniluccio, sempre insieme. Federico, Roma 1971".

Silvana Editoriale

Direzione editoriale / Direction
Dario Cimorelli

Art Director
Giacomo Merli

Coordinamento organizzativo / Production Coordination
Michela Bramati

Redazione / Copy Editor
Lorena Ansani

Impaginazione / Layout
Nicola Cazzulo

Segreteria di redazione / Editorial Assistant
Emma Altomare

Ufficio iconografico / Iconographic Office
Alessandra Olivari, Silvia Sala

Ufficio stampa / Press Office
Lidia Masolini, press@silvanaeditoriale.it

Nessuna parte di questo libro può essere riprodotta
o trasmessa in qualsiasi forma o con qualsiasi mezzo
elettronico, meccanico o altro senza l'autorizzazione
scritta dei proprietari dei diritti e dell'editore
L'editore è a disposizione degli eventuali detentori
di diritti che non sia stato possibile rintracciare

© 2014 Silvana Editoriale Spa
Cinisello Balsamo, Milano

DANILO DONATI E LA SARTORIA FARANI
TRAME DI CINEMA
I COSTUMI NEI FILM DI CITTI,
LATTUADA, FAENZA, FELLINI,
PASOLINI, ZEFFIRELLI

VILLA MANIN, PASSARIANO DI CODROIPO
9 MARZO – 22 GIUGNO 2014

Debora Serracchiani
*Presidente Regione autonoma
Friuli Venezia Giulia
President of the Autonomous Region
of Friuli Venezia Giulia*

Gianni Torrenti
*Assessore regionale alla cultura,
sport e solidarietà
Regional Councillor for Culture,
Sport and Solidarity*

Piero Colussi
*Sovrintendente
Azienda Speciale Villa Manin
Governor Azienda Speciale Villa Manin*

Luigi Piccolo
Sartoria Farani, Roma
Sartoria Farani, Rome

con la fondamentale
collaborazione di
With the all-important collaboration of
Fondazione Crup

Con la collaborazione di
With the collaboration of
Centro di catalogazione e restauro
dei beni culturali, Passariano
Fondo Danilo Donati, Roma
Cinemazero, Pordenone
Archivio Cinemazero Images, Pordenone
Centro Studi - Archivio Pier Paolo Pasolini
della Fondazione Cineteca di Bologna
Musei comunali di Rimini
Museo dell'Immagine,
Centro Cinema Città di Cesena
Archivio Storico del Cinema, Roma
Teche Rai, Roma

Patrocini
Sponsors
Centro Studi Pier Paolo Pasolini,
Casarsa della Delizia
Comune di Casarsa della Delizia
Comune di San Vito al Tagliamento

Partner tecnici
Technical Partners
Graphistudio
Sim2 Multimedia
MA.DE Srl
Premiate falegnamerie Sutrio
Zemis

*Mostra a cura di
Exhibition curated by*
Luigi Piccolo
Sartoria Farani

*Percorso espositivo, selezione
e allestimento costumi
Exhibition Itinerary, Selection
of and Setting for Costumes*
Luigi Piccolo
in collaborazione con
in collaboration with
Giuseppe Palella

*Progetto allestimento
Exhibition Design*
Fabiola Molinaro
Patrizio De Mattio

*Coordinamento generale
e cura eventi collaterali
General Coordination and Organization
of Associated Events*
Antonio Giusa

*Restauri
Restoration*
Lina Cardone

*Manichini
Mannequins*
Manichini Store, Carpi (Modena)

*Testi e selezione immagini/filmati
Texts and Selection Images/Film clips*
Andrea Crozzoli

*Ricerche iconografiche
Iconographic Research*
Raffaella Canci
Andrea Crozzoli
Riccardo Costantini

Referenze estratti filmati
Film Excerpt References
Bisbetica domata, Sony Picture Enter., Culver City
Uccellacci e uccellini, Compass Film, Roma
Ciao Federico!, Cinemazero, Pordenone
Il Casanova di Fellini, Alberto Grimaldi, Londra
Decameron, Alberto Grimaldi, Londra
I racconti di Canterbury, Alberto Grimaldi, Londra
Il fiore delle mille e una notte, Alberto Grimaldi, Londra

Referenze fotografiche
Photographic References
Gideon Bachmann
Deborah Beer
Mimmo Cattarinich
Divo Cavicchioli
Emilio Lari
Angelo Novi
Marilù Parolini
Angelo Pennoni
Pierluigi Praturlon
Gianfranco Salis
Mario Tursi
La Leggenda della Vera Croce, Piero della Francesca su concessione del Ministero dei Beni e delle Attività Culturali e del Turismo; Soprintendenza per i Beni Architettonici, Paesaggistici, Storici, Artistici ed Etnoantropologici di Arezzo; *The Legend of the True Cross*, Piero della Francesca by courtesy of the Ministry for Cultural Heritage and Activities and for Tourism; Commission for the Architectural, Landscape, Historical, Artistic and Ethno-Anthropological Heritage of Arezzo; photo by Alessandro Benci
foto di Alessandro Benci

Realizzazioni audiovisivi
Video
Tommaso Lessio

Immagine coordinata
Coordinated Imagery
DM+B & Associati, Pordenone

Ufficio stampa
Press Office
Volpe & Sain comunicazione, Trieste

Organizzazione
Organization
Azienda speciale Villa Manin

Direttore
Director
Giovanni Fuso

Amministrazione gestione eventi
Events Administration and Management
Simona Cossu
Alina Del Fabbro
Luca Moretuzzo
Giorgio Pulvirenti

Contabilità
Accounting
Maria Cristina Baldassi
Marina Comuzzi

Servizi generali
General Services
Denis Boem
Adriana Chiarottin
Massimo Collina
Francesca Degano
Fabrizio Infanti
Edi Miculan
Daniele Zamparini
Bianca Rosa Zorzi

Accoglienza
Reception
Vanessa Giusti
Arianna Pressacco
Elena Heidi Selin

Responsabile del servizio di prevenzione e protezione
Head of Prevention and Protection Services
Brunetto Filigoi

Giardinieri
Gardeners
Federico Giaimo
Ugo Venuto
Francesco Zampa

Catalogo a cura di
Catalogue edited by
Clara Tosi Pamphili

Testi
Texts
Gianfranco Angelucci
Roberto Chiesi
Clara Tosi Pamphili
Roberto Valeriani

Fotografie dei costumi
Costume Photographs
Mustafa Sabbagh

Modelli fotografici
Models
Francesco Ferrari
Simone Boni
Maria Ziosi
Consuelo de Santis

Copertina
Cover
Patrizio De Mattio

Ringraziamenti
Acknowledgements
Giuliano Abate
Angelo Battel
Gabriele Bomben
Enzo Cainero
Roberto Calabretto
Fabio Cristante
Luciano De Giusti
Gian Luca Farinelli
Angela Felice
John Fioretti
Marco Fortunato
Fuori orario
Rosaria Gioia
Ciro Giorgini
Franca Merluzzi
Gaspare Pasini
Paola Santin
Lucia Toffoli
Marco Tonus
Alessandra Torella
Paolo Zampese

Filippo Guggia
Sonia Travaglia
Sara Vacchiani
(*vestizione abiti / dressing*)

Un particolare ringraziamento per la collaborazione e disponibilità ad Alberto Grimaldi
Special thanks to Alberto Grimaldi for his collaboration and availability

Non è la prima volta che Villa Manin ospita una mostra dedicata ai costumi di scena; infatti, già nell'estate del 2012 la residenza dogale propose l'esposizione Il Teatro alla moda. Costumi di scena, grandi stilisti. *In quell'occasione fu possibile ammirare anche il costume ideato da Danilo Donati per Silvana Mangano in* Edipo re *di Pier Paolo Pasolini, in un suggestivo allestimento curato dalla storica Sartoria Farani. Oggi proprio al grande costumista e scenografo Danilo Donati e alla sua collaborazione con l'Atelier Farani viene riservata l'intera residenza dei Manin per ospitare una mostra di straordinaria bellezza e di grande significato culturale:* Trame di cinema. Costumi dai film di Citti, Faenza, Fellini, Lattuada, Pasolini e Zeffirelli. *Attraverso gli oltre cento costumi originali amorevolmente conservati e restaurati dalla celebre sartoria, il visitatore avrà la possibilità di intraprendere un meraviglioso viaggio nel grande cinema italiano di qualche decennio fa. Un cinema allora capace di regalare opere indimenticabili come* La ricotta *e* Il Vangelo secondo Matteo *di Pier Paolo Pasolini,* La bisbetica domata *di Franco Zeffirelli,* Amarcord *e* Il Casanova *di Federico Fellini, solo per citarne alcune. È importante, inoltre, evidenziare il fatto che Danilo Donati è un esponente di rilievo di quella straordinaria scuola italiana di geniali artisti – rappresentata da Piero Gherardi, Milena Canonero, Vittorio Nino Novarese, Franca Squarciapino, Gabriella Pescucci e da ultimo Piero Tosi – ammirata in tutto il mondo e premiata più volte a Hollywood con la statuetta dell'Oscar.*

Uno spazio significativo, l'intero piano terra, viene dedicato al rapporto elettivo, importantissimo, tra Farani, Donati e Pasolini. "Loro due parlavano per ore, Pasolini e Donati venivano in sartoria e stavano qui a lungo, non sempre parlando di costumi ma dello spettacolo, delle cose, di tutto" (Piero Farani, 1996). Intesa che consentì loro di realizzare, a partire dal 1963 con La ricotta, *tutti i film del regista, fatta eccezione per* Medea *i cui costumi furono disegnati da Piero Tosi. In futuro, grazie alla generosità di Luigi Piccolo direttore della Sartoria Farani, alla lungimiranza dell'Amministrazione comunale di San Vito al Tagliamento e alla proposta di Villa Manin, questo importante patrimonio potrà rimanere definitivamente nella nostra regione, in uno degli edifici storici di quella cittadina, appena di cà da l'aga, che Pasolini conobbe e frequentò negli anni giovanili. E anche questo è un risultato di cui possiamo andare particolarmente orgogliosi.*

Piero Colussi
Sovrintendente Azienda speciale Villa Manin

This is not the first time that Villa Manin is hosting an exhibition of stage costumes; in fact, in the summer of 2012, the Theatre in Fashion. Stage Costumes. Grand Designers *exhibition was held here in the Doge's residence. Among the displays in that exhibition was the costume conceived by Danilo Donati for Silvana Magnano in Pier Paolo Pasolini's* Oedipus Rex, *in an evocative setting conceived by the historic Sartoria Farani. Now, however, the entire Manin family residence is being devoted to the great costume and set designer Danilo Donati and his collaboration with the Farani costumier in a striking exhibition with great cultural resonance,* Cinema Threads. Costumes for Films by Citti, Faenza, Fellini, Lattuada, Pasolini and Zeffirelli.

With more than one hundred original costumes lovingly preserved and restored by the renowned costumier, the visitor can embark on a spectacular journey through the great Italian cinema of decades ago, unforgettable films such as La Ricotta *and* Gospel According to Matthew *by Pier Paolo Pasolini,* The Taming of the Shrew *by Franco Zeffirelli, and* Amarcord *and* Fellini's Casanova *by Federico Fellini, just to name a few. In addition, it should not be forgotten that Danilo Donati is a leading member of that internationally acclaimed group of brilliant Italian artists – including Piero Gherardi, Milena Canonero, Vittorio Nino Novarese, Franca Squarciapino, Gabriella Pescucci and most recently, Piero Tosi – whom Hollywood has rewarded with Oscars on many occasions.*

A considerable area, in fact the entire ground floor, will be dedicated to the momentous elective relationship between Farani, Donati and Pasolini. "Those two would speak for hours; Pasolini and Donati would come to the shop and stay for a long time, not always talking about costumes but also about films, things, about everything." (Piero Farani, 1996). This mutual understanding allowed them to realize all the director's films together, beginning in 1963 with La Ricotta *and with the sole exception of* Medea, *whose costumes were designed by Piero Tosi.*

In the future, thanks to the generosity of Luigi Piccolo, director of the Sartoria Farani, to the vision of the San Vito al Tagliamento administration and to Villa Manin's proposal, this important heritage can now stay in our region indefinitely, in one of the historic buildings of that small town, just this side of the river, which Pasolini knew and visited in his youth. And this too is a result of which we can all be particularly proud.

Piero Colussi
Governor of the Special Villa Manin Board

Grazie a "Trame di cinema" inizia un nuovo corso per Villa Manin che intende coniugare tra loro fotografia, cinema, arte e moda in un unico filo conduttore, già ricco di riscontri in ambito internazionale nei più importanti musei del mondo.

La storia di Danilo Donati e quella della Sartoria Farani raccontano l'Italia al mondo attraverso quelli che una volta chiamavamo 'costumi di scena', apparsi nei film dei grandi maestri italiani come Pasolini, Lattuada, Faenza, Fellini, Citti e Zeffirelli.

La dimora dogale dei Manin è il luogo ideale per raccontare la carriera di questo geniale artista, costumista e scenografo, vincitore di due Oscar (nel 1969 e nel 1977) e per immergere il visitatore in un viaggio nel passato, quando il cinema italiano era ammirato dal pubblico di tutto il mondo.

Un suggestivo percorso espositivo composto da 18 stanze che attraverso 18 film accoglieranno oltre 100 costumi restaurati e perfettamente conservati nella collezione della storica sartoria fondata da Piero Farani a Roma alla fine degli anni cinquanta e oggi diretta dal friulano Luigi Piccolo. Il percorso espositivo integrato da un ricco materiale iconografico con ingrandimenti fotografici degli scatti realizzati sui set descrive un'avventura artistica piena di magia. Le voci originali dei registi sul set, le musiche dei film e una selezione di testi documentali regaleranno al visitatore la possibilità di vedere dal vivo 'pezzi di storia del cinema italiano'.

Le prestigiose e molteplici collaborazioni messe in atto, orientate allo sviluppo di sinergie, troppe per essere citate, consentono una visione proficua del futuro. La mostra vuole essere un segnale importante per dimostrare l'impegno a sviluppare progetti in cui le diverse forme d'arte si intersecano nell'ottica di aumentare la fruizione degli spazi espositivi, sviluppando un modello ispirato a quello europeo che assegna a questi luoghi caratteristiche e funzioni nuove, tutte da inventare ma ispirate alla multidisciplinarietà.

Il futuro di questa dimora si sta delineando in modo chiaro nella sua vocazione internazionale e nella possibilità di fungere da attrattore culturale per recuperare e valorizzare la nostra regione attraverso luoghi che fungano da "irradiatori" di cultura e di bellezza.

Gianni Torrenti
Assessore alla Cultura, sport e solidarietà
Regione Autonoma Friuli Venezia Giulia

With "Trame di cinema", Villa Manin is embarking on a new direction, one that brings together photography, cinema, art and fashion around a single theme in an approach that has been put into practice and well-received in major museums around the world.

The collaborations of Danilo Donati and the Farani Costumier tell the story of Italy through the costumes that appeared in the films of Italy's greatest directors, including Pasolini, Lattuada, Faenza, Fellini, Citti and Zeffirelli.

The majestic residence of Villa Manin is an ideal setting in which to relive the career of this brilliant costume and set designer and artist, winner of two Oscars (in 1969 and 1977). At the same time, it offers an excellent backdrop for visitors to immerse themselves in a past when Italian cinema was held in the highest regard by audiences everywhere.

An evocative exhibition itinerary leading through 18 rooms, each centered on a different film, will display more than one hundred restored and perfectly preserved costumes from the collection of the historic costumier founded by Piero Farani in Rome at the end of the 1950s, directed today by Luigi Piccolo, a native of Friuli. Accompanied by a wealth of iconographic materials, including enlargements of still photographs from the set, the displays bring to life the magic of these collaborations. In addition, original recordings of the directors on the set, music from the films, and a wide selection of documents provide the visitor with a fascinating live experience of "pieces that made Italian film history."

The numerous prestigious collaborations involved – too many to be cited here – suggest a vision of a prolific future, thriving through the development of these types of synergies. The exhibition aims to give a clear signal of our commitment to projects that combine multiple art forms, in the interest of attracting an ever-greater public to exhibition spaces. Indeed, following the European model, Italy must assign new qualities and functions to such spaces, a process still to be invented but one that will be inspired by a multi-disciplinary approach. Today, the future of this villa is emerging clearly as an international cultural magnet in an endeavour to recover and promote our region through spaces that "radiate' culture and beauty.

Gianni Torrenti
Councillor for Culture, Sport and Solidariety
Autonomous Region of Friuli Venezia Giulia

Sommario / Contents

14 L'artista e l'artigiano:
Danilo Donati e Piero Farani
15 The Artist and the Artisan:
Danilo Donati and Piero Farani
CLARA TOSI PAMPHILI

22 Donati e Pasolini:
sperimentazione e invenzione
23 Donati and Pasolini:
Experimentation and Invention
ROBERTO CHIESI

36 La belle matière
37 La belle matière
ROBERTO VALERIANI

46 Danilo Donati creatore di visioni
47 Danilo Donati Creator of Visions
GIANFRANCO ANGELUCCI

69 MUSTAFA SABBAGH PER / FOR DANILO DONATI
E / AND LA SARTORIA FARANI

138 Mustafa Sabbagh

141 Crediti fotografici / Photo Credits

142 Film fotografati / Photographed Movies

L'artista e l'artigiano: Danilo Donati e Piero Farani

CLARA TOSI PAMPHILI

È da più di sei secoli che entriamo e usciamo da un'immagine che gli altri, prima di noi stessi, ci attribuiscono come insuperabile: a volte siamo fieri di saper fare le cose e altre volte ce ne vergognamo, vittime di quel complesso che giudica il lavoro manuale in secondo piano su quello intellettuale. Periodicamente ci interroghiamo sulla nostra storia fatta di piccole imprese di grandi uomini, laboratori, botteghe o sartorie popolate da fenomeni dove sono nati il Rinascimento o il Neorealismo.

Torna sempre quel genio di Leonardo da Vinci capace di disegnare macchine da guerra e da spettacolo (che forse erano la stessa cosa), di dipingere l'icona assoluta dell'arte, di sezionare cadaveri e archiviare volti, di lavorare con grafite, colori, legno e colle... perché si è incarnato in intere generazioni di creativi italiani destinati alla trasversalità e all'eclettismo, difficilmente collocabili in un solo ambito professionale, curiosi e coraggiosi.

Oggi, spinti dalla crisi che ci porta a rielaborare l'archivio del saper fare italiano, rientriamo nella luce che mostra queste incredibili capacità e la figura dell'artista senza limiti riprende valore sull'efficienza della professionalità specializzata.

Il lavoro, perché è di lavoro che si parla, di Danilo Donati e Piero Farani diventa di fortissima attualità: con chiave di lettura e strumenti contemporanei viene analizzato un percorso, una catena alimentare creativa che ha prodotto capolavori.

La mostra e questo volume rileggono la loro collaborazione con registi poeti e visionari, la loro capacità di produrre opere senza tempo perché concepite artisticamente. Il trasferimento di un'idea prende forma nella parola, nei disegni, nelle mani in una sartoria che sembra una bottega rinascimentale, che sperimenta per vocazione e non per compito.

In questa operazione di rilettura abbiamo deciso di aggiungere altre "mani di artista" quelle di Mustafa Sabbagh: le sue fotografie, le sue immagini sono il passaggio dal contemporaneo di un lavoro destinato all'immortalità. I costumi indossati da figure vere, non sono più fantasmi o reliquie su manichino, ma personaggi reali del nostro inconscio, ricordi che si materializzano per risvanire come i sogni dell'alba. Sabbagh traduce la memoria di quel lavoro in opera contemporanea come Donati e Farani traducevano in costumi le visioni di Fellini o Pasolini. Il volto è coperto nello stile del grande fotografo e nel rispetto dell'attore che lo indossava.

Donati era un grande costumista capace di creare quell'epica del futuro senza tempo, grazie alla sua capacità di proiettarsi negli spazi immaginati dai registi, non era limitato dalla filologia o dalla necessità di essere fedele a un'epoca più che a un pensiero. Il suo rapporto con Piero Farani è la dimostrazione del valore che c'è fra ideazione e realizzazione, fra design e produzione, fra artista e artigiano. Un sodalizio che inizia a Roma in un periodo in cui nasce linfa culturale da un tessuto sociale devastato dalla guerra, dove il cinema italiano diventa il più importante del mondo e produce un'immagine dell'Italia ancora vincente ma che fa fatica a entrare in un sistema internazionale, proprio perché basato più sul genio che sul metodo.

Un sistema che tarda a premiare il valore del lavoro manuale, agli artigiani del cinema il riconoscimento arriva molto dopo quello per gli artisti: solo negli anni 40 si inizia a dare l'Oscar ai costumi di un film, l'Italia compare fra i candidati con Piero Gherardi negli anni 60 grazie al fascino felliniano della *Dolce Vita* e poi di *Otto e mezzo*.

Ci vuole tempo per vincere, con lo stile anarchico e

The Artist and the Artisan: Danilo Donati and Piero Farani

CLARA TOSI PAMPHILI

For more than six centuries Italy has moved in and out of that particular identity attributed to us in which we are viewed by others – perhaps even more than by ourselves – as exceptional, indeed second to none. At times we have been proud to know how to make things; at others, we are ashamed, falling victim to a contempt for manual work. Periodically, we question our own history, made of small enterprises of great men, laboratories, workshops and couturiers' studios full of prodigies who gave birth to the Renaissance and to Neorealism.

Inevitably, thoughts turn to Leonardo da Vinci, the genius capable of designing equipment for war and for theatre (which may have been the same thing), of painting the ultimate icon of Western art, of dissecting cadavers and cataloguing faces, of working with graphite, paint, wood, and glues. Indeed, his spirit was reincarnated in entire generations of creative Italians destined to a wide-ranging eclecticism, curious, daring virtuosos who defy categorization in any single field of endeavour.

Today, driven by the crisis to revamp the archive of Italian know-how, we are stepping once again onto the stage where these extraordinary skills take the spotlight, even as the figure of the no-limits artist is regaining prestige alongside the efficient, specialized professional.

In this context, the work – because it is surely a question of work – of Danilo Donati and Piero Farani is particularly timely. Here, using contemporary tools and interpretations, we shall explore their pathway, a creative "chain" that nourished a series of undisputed masterpieces. This exhibition and catalogue re-examine their collaboration with visionary poet/directors and their capacity to produce work with a timeless quality, precisely because it was conceived from the beginning as art. The materialization of ideas took place in words, in drawings, and in a costumier that seemed more like a Renaissance *bottega*, where they experimented out of instinct and not out of duty.

In this new interpretation, we have chosen to include another artist in the chain – Mustafa Sabbagh, whose photographs and images serve as a bridge from the present moment into the future for work that deserves to be immortalized. The costumes worn by actual people are no longer ghosts or relics clinging to mannequins but real characters from our unconscious, memories that materialize only to slip away, like dreams with the light of dawn. Sabbagh translates the memory of their work into a contemporary body of art, just as Donati and Farani translated the visions of Fellini and Pasolini into costumes. The actors' faces are covered, as is the photographer's style, and out of respect.

Donati was a master costume designer, equal to the challenge of creating epics of a timeless future thanks to his ability to project himself into the realms imagined by the filmmaker. He was not restricted by classical scholarship nor by the need to be faithful to an era; on the contrary, he was faithful to an idea.

His relationship with Piero Farani is proof of the benefit derived from the synergy of conception and realization, design and production, artist and artisan. Donati and Farani's partnership began in Rome in a period when cultural life had just begun to flow again in a society devastated by war. This was also the period when Italian cinema reached world prominence, conveying an image of Italy on the rise yet still struggling to establish itself internationally because, in the end, its success was based on flair and not on method.

I Clowns, 1970, Federico Fellini

creativo tipico del made in Italy, sul professionismo dei costumisti delle grandi major che avevano inventato Greta Garbo, Marlene Dietrich o Liz Taylor costruendo l'attore come una bambola: Adrien, Travis Banton o Hedit Head la costumista più operosa e premiata della storia del cinema con oltre 500 film di ogni genere, più di 30 nomination, 8 Oscar.

Donati non ha mai apprezzato gli Oscar, neanche quando li ha vinti con *Romeo e Giulietta* di Franco Zeffirelli nel 1969 e con *Casanova* di Federico Fellini nel 1976; fu per colpa di un'altra costumista americana Irene Sharaff che nel 1967 vince con *Chi ha paura di Virgina Woolf?* superando *Il Vangelo Secondo Matteo* capolavoro di Donati stesso che dà inizio alla sua collaborazione artistica con Pier Paolo Pasolini.

Era diverso il modo di fare i costumi, l'arte e l'artigianato italiano producevano qualcosa ancora di molto lontano dall'immagine dettata dallo star system, tutto era basato sul rapporto poetico fra regista e costumista dove la produzione non dettava le regole ma assecondava con spirito illuminato la creazione visionaria di un'opera. Le collaborazioni nascevano da affinità elettive, da tempo trascorso insieme nei bar di una Roma povera ma ricchissima di quell'entusiasmo creativo del Dopoguerra che ha generato famosi capolavori letterari, artistici e cinematografici.

Danilo Donati è uno dei personaggi più rappresentativi della forza italiana di quel periodo, di quelle figure che hanno costruito un mondo insuperabile che ancora ci viene riconosciuto come tale, di quegli artisti arrivati a Roma da tutta l'Italia che hanno trovato la loro strada camminando fra mille mestieri, condividendo stanze e poco cibo e un sapere intuitivo che prevale sul titolo di studio.

Il cinema, lo spettacolo, la rappresentazione erano l'opportunità per lavorare, ma soprattutto per sperimentare quell'eclettismo creativo tipico del nostro

In fact, the international system was late in recognizing the value of manual work. Indeed, actors received rewards years before the artisans behind the films; only in the 40s was the first Oscar awarded for Best Costume Design. In the 60s, Italy appeared among the candidates in the person of Piero Gherardi, thanks to the irresistible appeal of Fellini's *La Dolce Vita* and *Eight and a Half*. Not surprisingly, it took time for the anarchic, creative style typical of Italy to win over the professionalism of the costume designers in the major studios who had invented Greta Garbo, Marlene Dietrich and Liz Taylor, fashioning actresses as dolls. Among these were Adrien, Travis Banton and Hedit Head, the costume designer who worked in more films and won more awards than any other in the history of cinema (more than five hundred films of all genres, more than thirty nominations and eight Oscars).

If truth be told, Donati never thought very highly of the Oscars, not even when he won them with Franco Zeffirelli's *Romeo and Juliet* in 1969 and Federico Fellini's *Casanova* in 1976. This could be due to a competing designer, the American Irene Sharaff, who won in 1967 with *Who's Afraid of Virginia Woolf*, beating out *The Gospel According to Matthew*, Donati's masterpiece that launched his artistic collaboration with Pier Paolo Pasolini.

Beyond that, their entire approach to making costumes was different; Italian art and craftsmanship produced something quite unlike the image dictated by the star system, based instead on a poetic relationship between the director and the costume designer. Rather than imposing rules, the production wisely encouraged a creative vision of the film. Collaborations were born out of elective affinities, out of hours spent in the bars of Rome when the city was still poor but bursting with the creative enthusiasm of the post-war period that generated scores of masterpieces in literature, cinema and the visual arts.

Danilo Donati is one of the most representative artists of the great Italian vitality of that period, of those who built a distinctive new world that is still universally praised, of artists who converged on Rome from all over Italy, forging their way among countless lines of work, sharing rooms and meals

Uccellacci Uccellini, 1966, Pier Paolo Pasolini

and the insight and intuition that outshines university degrees.

Cinema, theatre and representation provided opportunities to work, of course, but more importantly, they provided opportunities to put into practice the creative eclecticism that seems to be written into the Italian DNA. With true visionary spirit, these brilliant men and women laid the foundations of a no-limits artisan legacy, one which today – in the context of a crisis not unlike that suffered by their generation – has acquired a renewed appeal and importance.

Donati began working on the costumes and sets for Luchino Visconti, and later, with urbane ease, switched to television where he had the freedom

Storie scellerate, 1973, Sergio Citti

La Bisbetica domata, 1967, Franco Zeffirelli

codice genetico: uomini geniali e con uno spirito visionario hanno gettato le basi di quel patrimonio artigianale che non conosce limiti e che oggi, in una crisi simile a quella vissuta allora, riprende valore e importanza.

Donati inizia lavorando ai costumi e alle scenografie per Luchino Visconti e con colta leggerezza si sposta sulla televisione dove l'estro gli consente di realizzare tutta una serie di costumi di carta per una *Canzonissima*. Riesce a materializzare abiti con la colla e la fantasia grazie alle capacità di Piero Farani, altro fenomeno con le mani d'oro. Nasce un sodalizio che li porterà a lavorare sempre insieme, a continuare nella sartoria di Farani un lavoro che non si può definire solo sartoriale: ogni abito sarà un'opera, ogni costume sarà la traduzione della visione di un regista fatta da un artista e poi da un artigiano.

Una catena creativa che tocca livelli altissimi sempre grazie a quelle intese profonde fra persone, come l'interpretazione appassionata della poetica di Pier Paolo Pasolini o l'antipatia creativa per Federico Fellini: sempre per la condivisione di un sogno con qualsiasi mezzo pur di scavalcare il limite del reale.

La mandragola, 1965, Alberto Lattuada

La mandragola, 1965, Alberto Lattuada

– and penache – to create such costumes as a set of paper outfits for the popular programme *Canzonissima*. This extraordinary artist was capable of generating costumes out of a little glue and a lot of imagination thanks to the skill and flair of Piero Farani, another phenomenon with hands of gold. Between them arose a partnership that kept them working together in Farani's costumier on pieces that went far beyond mere sartorial products. Each garment was a work of art, each costume a translation of the director's vision as realized first by an artist and then by an artisan.

Without a profound and very personal understanding between all those involved, this creative chain could never have achieved such brilliance – from their impassioned interpretation of Pier Paolo Pasolini's poetic vision to their creative antipathy for Federico Fellini. Regardless, at all times, they fervently shared a dream using any and all means possible to transcend the limitations of reality.

Donati e Pasolini: sperimentazione e invenzione

ROBERTO CHIESI

La dimensione fisica ha un'importanza essenziale nel cinema di Pier Paolo Pasolini. Non solo la corporalità di individui, oggetti e luoghi ma anche i suoni (per quanto 'ricreati' in postproduzione) e talvolta perfino gli odori. È riconoscibile la tensione di un autore che cerca di possedere la realtà mentre la sta filmando, una tensione che affiora anche dal linguaggio filmico (si pensi ai movimenti irregolari della macchina da presa) e che non si attenua nel silenzio di quelle inquadrature frontali, peculiari dello stile di Pasolini, dove si instaura un'attesa raramente pacificata.

Del resto la fisicità di volti, corpi, oggetti e luoghi nel cinema pasoliniano, ha al tempo stesso la concretezza della realtà catturata o ricreata davanti alla macchina da presa e un'aura fantasmatica e visionaria. La corporalità di esseri e cose dei suoi film, infatti, è investita da una tonalità funebre che li sottrae al presente per allontanarli in una distanza che non è solo temporale. È la distanza della perdita: Pasolini filma mondi e modi di essere uomo che stanno per estinguersi.

È come se nei suoi film si insinuasse sempre il sentimento che gli eventi stanno accadendo per l'ultima volta. I rituali che si compiono nel cinema pasoliniano, individuali o collettivi, appaiono quindi come gli ultimi atti di un ciclo che si sta chiudendo con la sconfitta dei suoi officianti. Non a caso tutti i personaggi del cinema pasoliniano (a parte i due innamorati di *Il fiore delle mille e una notte*, che è una fiaba incantata immersa nell'altrove di un mondo arabo mitizzato e magico) sono degli sconfitti, che, nella loro diversità irriducibile, resistono a un destino segnato e definitivo. Un destino inevitabilmente già iscritto in una logica inesorabile dove il mondo del futuro (l'universo del consumismo e del neocapitalismo) sta assorbendo e cancellando il mondo del passato (l'universo popolare, con le sue culture differenziate diverse).

È un mondo dove gli abiti che ricoprono i corpi dei personaggi, sono anch'essi lineamenti della storia dell'io e della cultura cui appartiene, una storia e una cultura che devono evocare senza parole, nel mistero e nell'immediatezza della loro presenza, delle loro forme e colori. Nel cinema pasoliniano le apparizioni di alcune figure hanno un carattere sacrale e religioso e gli indumenti che indossano costituiscono appunto una componente essenziale del loro mistero.

Questo anche perché Pasolini filmava oggetti e abiti che erano stati costruiti manualmente e che esistevano in un unico esemplare, non erano riproducibili in serie. Nei primi due film, *Accattone* (1961) e *Mamma Roma* (1962), gli indumenti appartengono alla quotidianità di personaggi calati nel mondo emarginato delle borgate – la maglietta e i pantaloni scuri di Vittorio Cataldi, detto 'Accattone', sono simili agli abiti indossati dal Capogna, un altro sfruttatore di donne, come se il protagonista volesse mostrare esteriormente la propria appartenenza a una categoria dove in realtà appare fondamentalmente disadattato. La giacca 'borghese' di Ettore in *Mamma Roma*, così incongrua addosso a quel ragazzo sradicato dalla campagna, sembra un goffo travestimento, voluto dalle patetiche e catastrofiche velleità piccolo-borghesi della madre.

Il ruolo espressivo degli indumenti acquisì un'importanza essenziale quando, nel 1962, Pasolini incontrò Danilo Donati e iniziò un sodalizio che durò oltre un decennio, fino alla morte tragica e improvvisa dello scrittore-regista avvenuta nel 1975. Morte che per Donati (come ha raccontato egli stesso) segnò la fine di un'epoca della sua storia personale.

Nel 1962 Donati lavorava come costumista per il cinema da tre anni e aveva già collaborato con Mario Monicelli (*La grande guerra*, 1959), Antonio Pietran-

Donati and Pasolini: Experimentation and Invention

ROBERTO CHIESI

The physical dimension plays an essential role in Pier Paolo Pasolini's cinema – not only the physical presence of the individuals, objects and places, but also of the sounds (even if they are recreated in the post-production phase) and sometimes even the smells. The tense restlessness of a director who seeks to "possess" the reality he is filming is almost palpable. One senses it also in his film language (such as the irregular movements of the camera), nor does it lessen in the silence of the frontal shots so typical of Pasolini, which impose a hiatus that is seldom reconciled. Somehow the physicality of the faces, bodies, objects and places in Pasolini's films manages to convey the solid material reality captured or recreated before the camera, yet also, at the same time, an unreal, visionary atmosphere. The corporality of the animate and inanimate presences in his films is suffused with a somber, dark quality which seems to detach them from the present, setting them down at a distance that is more than just temporal; it is the distance of loss.

Indeed, Pasolini filmed worlds and ways of being that are on the verge of extinction. It is as if his films were continually punctuated by the sensation that the events portrayed are happening for the last time. The rituals, both individual and collective, seem like the closing acts of a cycle coming to an end with the defeat of its celebrants. It is no coincidence that all his characters, despite their irreducible diversity, have been defeated in some way and yet continue to resist their inescapable fate (except, that is, the two lovers in *Arabian Nights*, a fairy tale immersed in the otherwordliness of a mythologized, magic Arab world). This fate is inscribed in the inexorable logic wherein the world of the past (of peoples with their differentiated cultures) is being absorbed and erased by the world of the future (of consumerism and neo-capitalism). It is a world where the clothes covering the bodies of the characters are themselves features of the history of the individuals and their culture; all this must be evoked in the absence of words, however, through the mystery and immediacy of the costumes' power, forms and colours. Many of Pasolini's characters appear almost as apparitions with a sacred, religious quality, and the clothes they wear are an essential element of their mystery.

Pasolini was uniquely able to do this because he filmed objects and clothes that had been made by hand, one-of-a-kind items that could not be reproduced in quantity. In his first two films, *Accattone* and *Mamma Roma* (1962), the clothes reflect the daily life of characters from the marginalized world of the *borgata*, the working-class suburbs of Rome. The shirt and dark trousers of Vittorio Cataldi, known as *Accattone* ('The Beggar'), are similar to the clothes worn by another freeloader, Capogna, as if the protagonists were trying to demonstrate with their apparel that they belong to a class when, in fact, they are no more than misfits. Inspired by the pathetic and even disastrous petty bourgeois ambitions of his mother, Ettore's "middle-class" jacket in *Mamma Roma*, so incongruous on a boy uprooted from the countryside, seems like a clumsy disguise.

The expressive role of the costumes took on a crucial role in 1962, the year Pasolini and Danilo Donati met and began the collaboration that endured more than a decade until the sudden, tragic death of the writer/director thirteen years later – a death that marked the end of an epoch for Donati as well (as he said himself). When they met, Donati had been working as a film costume designer for three years, collaborating with Mario Monicelli (*The Great War*, 1959),

Il Decameron, 1971, Pier Paolo Pasolini

geli (*Adua e le compagne*, 1960), Roberto Rossellini (*Vanina Vanini*, 1961), Gianni Puccini (*Il carro armato dell'8 settembre*, 1960, alla cui sceneggiatura aveva partecipato anche Pasolini). Con la loro prima collaborazione, per *La ricotta*, episodio di *RoGoPaG*, nacquero le premesse di una sintonia che si sarebbe rivelata pienamente in occasione del loro secondo film, *Il Vangelo secondo Matteo*.

Nella creatività di Donati, Pasolini riconobbe la capacità di cogliere con profonda sensibilità le proprie esigenze estetiche e soprattutto apprezzò la grande creatività che il costumista dimostrava nella sperimentazione e nell'uso di materiali inconsueti. Come ha dichiarato Piero Farani, che con il suo leggendario atelier realizzò i costumi ideati da Donati e collaborò con lui a tutti i film di Pasolini, "in Danilo Donati c'è sempre l'invenzione, anche quando rifà il passato".

Dai *tableaux vivants* della *Ricotta* alla "purezza di linee" del *Vangelo*

Donati creava i costumi senza usare schizzi dettagliati, né figurini preliminari, anzi non disegnava mai, ma appuntava le idee su fogli di carta. Per *La ricotta* – film nel film, ambientato durante la lavorazione di un'immaginaria rievocazione della passione di Cristo dove un povero generico finisce veramente per morire sulla croce, ucciso da un'indigestione – i costumi più impegnativi erano quelli indossati dalla troupe nelle sequenze dei *tableaux vivants* ispirati alla *Deposizione* (1521) di Rosso Fiorentino e a quella di Jacopo Pontormo del 1525-1528. Un regista cinematografico (impersonato da Orson Welles), inseguendo un suo progetto estetizzante, vuole ricreare i quadri con inquadrature dove gli attori posano immobili. Pasolini sembra così voler esorcizzare la forma di cinema che egli stesso è tentato di realizzare

Antonio Pietrangeli (*Adua and Her Friends*, 1960), Roberto Rossellini (*Vanina Vanini*, 1961), and Gianni Puccini (*Il carro armato dell'8 settembre*, 1960, to whose script Pasolini had contributed). His first film with Pasolini – *La ricotta*, an episode of *RoGoPaG* – initiated a harmonious partnership that had a chance to truly thrive in their second film, *The Gospel According to Matthew*. Pasolini recognized Donati's ability to intuit his aesthetic needs and valued the singular creativity demonstrated in the designer's use of unexpected materials and other experiments. In the words of Piero Farani, in whose legendary atelier Donati's costumes were realized and who collaborated with him on all of Pasolini's films, "There is always invention in Danilo Donati's work, even when he re-creates the past."

From the *tableaux vivants* of *Ricotta* to the "purity of line" of *The Gospel*

Donati created his costumes without making detailed sketches or preliminary fashion plates; in fact, he never drew at all, but simply jotted down his ideas on a piece of paper. For *La ricotta* – a film within a film set during the shooting of an imaginary reconstruction of the Passion of Christ, where a poor worker ends up dying for real on the cross, (of indigestion) – the most challenging costumes were those worn by the troupe in the series of *tableaux vivants* inspired by the *Deposition* (1521) by Rosso Fiorentino and that of Jacopo Pontormo from 1525-1528.

In the film, a director (played by Orson Welles), pursuing his particular aesthetic goal, tries to recreate the paintings in sequences in which the actors must remain entirely immobile. With this conceit, Pasolini seems to be aiming to exorcize the type of cinema that he himself was tempted to make – cinema as a Mannerist *mis-en-scene* of the great painting tradition. He managed to elude it in fact with his *Gospel* and his personal style based on boldly innovative and unbiased contaminations. Actually, the *tableaux vivants* in *La ricotta* are oxymorons: the actors simulate the holy scene of the Deposition of Christ, yet the coarseness of their actions and their sheer inappropriateness evince the ponderous presence and mocking resistence of reality. In this mimesis of the images of Rosso Fiorentino and Pontormo, drapery plays a critical role. "The costumes were draped fabrics held by iron wire at the bottom," explained Farani, whose fabric (dyed taffetà) had been treated so that it would fall in the folds that appeared in the paintings used as models.

Together with Donati, Farani invented a machine to give the fabric a plissé effect, building a primitive loom to weave "tribal" patterns and dying "materials in large boiling cauldrons with unconventional colours." Thus, from this very first film, experimentation ("unconventional colours") went hand in hand with the quest for materials with the archaic quality that Pasolini preferred and sought to capture on camera.

The Gospel According to Matthew (1964) was Pasolini's first historical drama, but it was also the first one in which the costumes had such a fundamental expressive function. Pasolini swept aside Hollywood hagiography completely and outdid even Rossellini's aesthetic of "poverty" seen in *The Flowers of St Francis* (*Francesco giullare di Dio*, 1950). As Donati reported, "There was no need to even speak. I remember that I brought some costumes to De Paolis that weren't supposed to be in the film, they were just to do some screen tests. He was in the dressing room with Elsa Morante. We put the stuff on some people. 'That's it! Don't do anything else. That's what I want!' [...] On certain levels, you mustn't talk. You just have to act."

That was the first time they tried a novel way of treating the materials, which were successively boiled, stone washed, singed and given the plisse' effect. They also experimented with colour, using varnishes, special glues, and baths to produce new shades. Meanwhile, the priests' headgear and soldiers' helmets were modeled on a fresco cycle by Piero della Francesca, *The Legend of the True Cross* (1452-1466). The figures, who wear large hats, black cloaks and tunics with geometric decorations, embody the power that would arrest Christ and condemn him to the cross.

Donati recounted, "We tried to render everything related to officialdom with iconography, but not like holy images. As a basic guideline, we adopted puri-

– il cinema come messinscena manierista dalla grande tradizione pittorica – ma che scongiurerà con il suo *Vangelo* e con uno stile filmico anche basato sulle più ardite e spregiudicate contaminazioni.

I *tableaux vivants* della *Ricotta* sono ossimorici: gli attori devono mimare la scena sacra della deposizione di Cristo ma nella trivialità dei loro atti e della loro inadeguatezza rivelano il peso greve e la resistenza derisoria della realtà. Nella mimesi delle forme di Rosso Fiorentino e Pontormo una componente fondamentale era rivestita dal panneggio. Come racconta Farani, "i costumi erano panni drappeggiati retti sotto con fil di ferro" e il tessuto (taffetà tinto), veniva trattato perché assumesse le pieghe come apparivano nei dipinti che fungevano da modelli. Farani inventò con Donati una macchina per plissettare il tessuto: insieme costruirono un telaio arcaico per tessere trame "tribali" e tinsero "i tessuti in grandi pentoloni bollenti con colori inusitati". Fin da questo primo film, la ricerca dell'arcaicità della materia, che Pasolini privilegiava e voleva catturare con la macchina da presa, si coniugava quindi alla sperimentazione ("i colori inusitati").

Il Vangelo secondo Matteo (1964) costituì il primo film pasoliniano in costume e soprattutto il primo dove i costumi avessero una fondamentale funzione espressiva. Pasolini fece tabula rasa dell'agiografia hollywoodiana e procedette oltre l'estetica rosselliniana della 'povertà' di *Francesco giullare di Dio* (1950). Donati racconta: "Non c'è stato nemmeno bisogno di parlare. Mi ricordo che gli portai, alla De Paolis, dei costumi che non sarebbero dovuti stare nel film, per fare dei provini. In camerino c'erano lui ed Elsa Morante. E abbiamo messo della roba addosso a della gente: 'Ecco! Non fare altro, è questo!' [...] A certi livelli, tu non devi parlare: devi fare".

Fu la prima occasione di sperimentare una diversa lavorazione dei tessuti, che erano trattati successivamente con bolliture, venivano dilavati, quindi bruciacchiati e plissettati. Il colore era sperimentato con 'verniciature', colle particolari, con sfumature cromatiche ottenute con bagni.

Per i copricapi dei sacerdoti e gli elmi dei soldati, il modello di riferimento era rappresentato dalle *Storie della vera croce* (1452-1466), gli affreschi di Piero della Francesca. Queste figure, che indossano cappelli di ampie dimensioni, mantelli neri e tuniche dalle decorazioni geometriche, incarnavano il potere che avrebbe prima arrestato e poi condannato al supplizio Cristo. Raccontava Donati: "Tutto quello che era ufficiale si è tentato di renderlo con l'iconografia; però non uguale ai santini: abbiamo preso come base una purezza di linee, una purezza classica. Sai, i costumi sono stati fatti in un mese. E mi ricordo che è costato dieci milioni di costumi, che allora era già una cosa eccezionale. Non era poco. Ma il mio incontro con Pier Paolo è stato anche questo: che qualsiasi cosa noi facessimo a Roma, senza neanche vedere niente... quando si era sul posto, funzionava subito." La ricerca dei tessuti di Donati e Farani si orientò su materiali pesanti e grezzi, mentre i cappelli era ricoperti di corda, trecce di corda lavorate a mano, a sei corde con il ferro all'interno. La pesantezza di questi indumenti condizionava i movimenti degli attori e delle comparse che li indossavano, così da conferire loro una lentezza e una ieraticità particolare. Gli uomini del potere, quindi, appaiono lenti e solenni, schiacciati e imprigionati da indumenti dalle forme anomale, che ne rendono flagranti i privilegi.

Più semplice, naturalmente, l'abbigliamento del popolo: i corpi venivano avvolti da tuniche e i bambini avevano braghe corte e larghe, stringate in vita da cinture provvisorie. I colori erano beige e grigi chiari.

Il potere, nel film, è incarnato anche da Erode, che diviene succube della seduzione erotica di Salomè, raffigurata come un'elegante e crudele adolescente, che ha un ambiguo rapporto con l'ancella e, ubbidendo a un feroce capriccio, fa condannare a morte Giovanni Battista, figura speculare a quella di Cristo. Durante la danza di morte, Salomè indossa una camicia di lino, mentre il vestito che la identifica come immagine gelidamente seducente, è una gamurra di cencio con maniche lunghe bordate d'oro e sopra un guarnello di damasco in cotone a tinte naturali. Un vestito prezioso, di cui nel bianco e nero del film si perde il cromatismo aureo e che s'ispira alla regina di Saba della *Storia della vera croce*. La citazione pittorica adombra quindi un'altra figura femminile della *Bibbia* ma insinuando una contraddizione, perché la regina di Saba è una personificazione della saggezza femminile.

L'Erode di Pasolini e Donati indossa un caffettano di lana a trama larga, con abbondanti maniche in stile beduino, sopra ha un'ampia cappa con maniche corte

Satyricon, 1969, Federico Fellini

ty of the lines, a classical purity. You know, the costumes were made in one month. And I remember that they cost ten million liras, which in itself was highly unusual at the time. It was quite a sum. But with Pier Paolo, whatever we did together in Rome, without even seeing anything... when we were on the site, it worked straight away."

Donati and Farani especially explored the possibilities of coarse, heavy materials. Headgear, for example, was covered with rope, six ropes braided by hand with iron wire. The weight of these items conditioned the movements of the actors and extras, conferring them with a distinctive slowness and solemnity. Thus the men in power appear slow-moving and grave, crushed and imprisoned by their oddly shaped clothes, which blatantly proclaim their privileged position. Naturally, the apparel of the common people was much simpler. Adults were wrapped in tunics while the children had short, wide trousers, pulled at the waist with improvised belts. The pre-

Il Vangelo secondo Matteo, 1964, Pier Paolo Pasolini

aperte a triangolo. La cappa è profilata da un cordone dorato. In testa Erode ha un tocco in damasco, bordato di pelliccia: è l'immagine di un despota orientale, arbitrario e capriccioso. I suoi soldati, che per suo ordine compiono la strage degli innocenti nel tentativo di sopprimere Gesù bambino, hanno copricapi a forma di tronco di cono, per ricordare quelli indossati dagli squadristi fascisti e quindi le stragi che compirono sulla popolazione inerme. L'invenzione dei costumi diviene qui una trasparente allusione alla storia recente e ai suoi orrori.

Per *Uccellacci e uccellini* (1966), prima collaborazione cinematografica fra Totò e Pasolini, Donati creò (per la parte del film ambientata in epoca contemporanea) una giacchetta, un cappello di paglia e un paio di pantaloni troppo corti che diventano così attributi delle aspirazioni piccolo-borghesi del sottoproletario Totò Innocenti, alludendo anche alla matrice chapliniana della maschera del grande comico napoletano.

Dall'estetica 'barbara' di *Edipo re* alla 'sacra rappresentazione' di *Salò*

Con *Edipo re* (1967) la creazione di Pasolini e Donati si spinse a una sperimentazione ancora più audace. Si trattava di reinventare il mondo della Grecia antica, contrapponendo la dimensione visionaria della parte del film ispirata alla tragedia di Sofocle al prologo, dove viene ricostruito il Friuli degli anni 20 (girato in realtà a Sant'Angelo Lodigiano) e all'epilogo, che fonde i piani del realismo e della metafora.

"Per l'*Edipo* [Pasolini] mi ha detto: 'Vorrei dei costumi ispirati agli Incas'. Io non tremo mai di fronte a un paradosso, perché sono un paradosso per natura. Io, invece, gli ho fatto una cosa tutta diversa. Mi disse: "Era questo che volevo". Ho fatto una cosa che non aveva chiesto."

dominant colours were beige and bright greys. Power in the film is also embodied in Herod, who falls victim to the erotic seduction of Salomé, depicted as an elegant but cruel adolescent who has an ambiguous relationship with her handmaid. Giving rein to a savage whim, she causes John the Baptist – a sort of mirror image of Christ – to be condemned to death. During her dance of death, Salomé wears a linen blouse, but what particularly identifies her as an icy seductress is her *gamurra*, a woman's robe, made of rags with long gold-trimmed sleeves and over that, a long cotton damask overdress dyed with natural colours. This precious ensemble, whose gold tones are lost in the film's black-and-white, was inspired by the Queen of Sheba in *The Legend of the True Cross*. This means that the visual citation evokes a different female figure from the Bible, and even suggests a contradiction insofar as the Queen of Sheba was a personification of wisdom in a woman.

Pasolini and Donati's Herod wears an open-weave wool kaftan with ample sleeves in the Bedouin style. Over that is a large cape with short open triangular sleeves, hemmed with gold cordon. On his head, Herod wears a fur-rimmed damask toque, making him the very image of an arrogant and capricious Oriental despot. His soldiers, who at his orders carry out the slaughter of the innocents in a vain attempt to eliminate the baby Jesus, wear headgear in the shape of cones, recalling those worn by the Fascist militia and hence of the massacres they performed against the defenseless population. In this way the costumes become a transparent allusion to recent history and its horrors.

For *The Hawks and the Sparrows* (*Uccellacci e uccellini*, 1966), the first collaboration between Totò and Pasolini, Donati created a jacket, straw hat and pair of too-short trousers (for the part of the film set in the contemporary era), which became attributes of the petty bourgeois aspirations of the underclass Totò Innocenti. They also clearly allude, however, to Charlie Chaplin, who was an inspiration for the great Neapolitan comedian's image.

From the 'primitive' aesthetic of *Oedipus Rex* to the 'sacred' representation of *Salò*

The challenge of *Oedipus Rex* (1967) drove Pasolini and Donati to even more audacious creative feats. The film was structured in such a way that the reinvention of the world of ancient Greece, the visionary part of the film based on Sophocles' tragedy, was contrasted with the prologue, which reconstructs Friuli of the 1920s (but was actually filmed in Sant'Angelo Lodigiano, in Lombardy), and the epilogue, which intermingles realism and metaphor.

"For *Oedipus,* [Pasolini] told me, "I want costumes based on the Incas." Now, I never hesitate in the face of a paradox because I myself am a born paradox. Nonetheless, I did something completely different. I said to myself, "This is exactly what I wanted." I did something that he hadn't asked for." Pasolini wanted to end up with an "ill-defined primitive look" and asked Donati for a new version of Persian, Sumerian, Aztec and African art (in fact, the Sphinx in the film is a mask from black Africa). The costume designer used humble materials, including rags, padded table covers, tarlatan, open-weave fabrics, and *"riscaldo"* ("the material inserted between two fabrics to make them bulge. We used clean rigid material, cut in strips and then woven by hand, using as usual safety pins"). Everything was hand-sewn. There were also other simple materials like feathers, copper and straw.

Farani explained, "In *Oedipus*, I don't think we used even a single meter of normal, machine-made material bought from a factory. Everything was hand-made in the true artisan manner. There was a huge range of materials – leather, wrought copper, wool. We even used cork for some of the headgear. Broadloom fabrics were used for some of the costumes – hand-made, of course. Then there were the weighty necklaces of lead, and shells".

It was a primitive aesthetic based on utter simplicity, but also on the ruggedness of the materials which wrap tightly around the body like armour. In the prologue, Jocasta is dressed in a beige silk dress with pale beige polka dots, while in the "mythic" part of the film, she wears a costume that recalls Nike of Samothrace, as Giordani Aragno observed. Oedipus's mother wears a regal headgear (the members of the royal family are the only characters who wear such headgear), made of a skullcap topped by a felt cylin-

Edipo re, 1967, Pier Paolo Pasolini

Pasolini voleva ottenere un "barbarico indistinto" e chiese a Donati una rielaborazione di arte persiana, sumera, azteca e africana (la Sfinge è una maschera dell'Africa nera). Il costumista usò tessuti poveri come cencio, mollettone, tarlatana, tela a trama larga e riscaldo ("il "riscaldo" è quel materiale che si mette fra due stoffe per bombarle un poco e noi lo abbiamo usato rigido, pulito ma tagliato a striscioline e poi tessuto a mano, sempre utilizzando la spilla da balia"), tutti cuciti a mano, e ancora materiali umili come piume, rame e paglia.

Farani racconta che "nell'*Edipo* credo non sia stato adoperato neanche un metro di stoffa normale, fatta a macchina, comprata dalle manifatture, tutta è stata lavorata a mano, in maniera artigianale vera. I materiali usati erano diversissimi, c'era la pelle, il rame battuto, la lana. Usavamo anche il sughero per certi copricapi, usavamo per altri abiti tessuti larghi sempre fatti a mano, e poi c'erano collane pesantissime di piombo, e conchiglie".

È un'estetica barbara basata sulla più assoluta semplicità ma anche sulla ruvidezza dei tessuti, che si stringono intorno ai corpi come armature di stoffa. Nel prologo Giocasta è vestita di seta con fondo di colore beige e pois più chiari, mentre nella dimensione 'mitica' del film ha un abito che, come osserva Giordani Aragno, richiama la Nike di Samotracia. In particolare, la madre di Edipo indossa un cappello regale (i membri della famiglia reale sono gli unici a indossare copricapi simili), composto da una calotta sormontata da un cilindro in feltro e decorato con cordoni écru, con conchiglie dipinte in oro e un grande disco piumato. Le conchiglie tinte in oro ritornano sulla tunica e la loro doratura è brunita e bordata da colature di stagno e spago in tinta. Il mantello della regina fu realizzato con del "riscaldo" tagliato a fettine e poi tessuto.

der decorated with unbleached cordons, gold-painted shells and a large disc with feathers. The gold shells are also used on the tunic, where the gold is burnished and rimmed with cast tin and dyed twine. The queen's cape was made with "*riscaldo*" sliced and then woven.

Oedipus also wears a hat with a broad circular brim, decorated with shells and feathers. In this case, Donati's inspiration for the shape of the hats came from cinema, specifically from the film *Sansho the Bailiff* (1954) by Kenji Mizoguchi, a director Pasolini particularly admired. Thus, in a further testimony to Pasolini's eclecticism, the film's "primitive" aesthetic also benefitted from the reinvention of Oriental iconography.

Oedipus's large cloak is made of braids loosened on the outside but solid fabric on the inside. The hats with large wings were made of coconut; their underlying structure was made of cork, and the leather was cut and scorched, supported on an iron-wire structure. All this mass enlarges the bodies, inflating and transforming them into unreal, fantastic shapes that suggest a kind of magic. Indeed, the costumes play a decisive role in infusing the central part of the film with its disorienting, dreamlike quality. Yet it never appears simply as a vague dream because the solid physical reality of the materials of the hats and clothes is so forceful.

The same is true of the jewelry, which Donati designed and Farani created by pouring lead into clay forms. "The fusions were for the large tiles hung on the actors' chest (...) tiles which always had many holes; we sprinkled gold on them, but we sprinkled it unevenly on purpose so that the dark grey of the lead came through, and the gold, which didn't last long (...) still gave an impression of something ancient, worn out, meaningful".

For *Porcile* (1969), poor fashions that recall the Renaissance were used. The soldiers' uniforms in the historical episode, for example, were made of rags given the "cartridge belt" treatment (regular pleats, sewn tightly together with twine thread to simulate thickness) – suggesting a reduced, essential Renaissance. The cannibals wear rags whose colours merge with the dark shades of the volcano (Mt. Etna).

Edipo re, 1967, Pier Paolo Pasolini

The films of the *Trilogy of Life* (*The Decameron*, 1971, *Canterbury Tales*, 1972 and *Arabian Nights*, 1974) are actually quite distinct. The first is set in Pasolini's version of the world of Naples, where the light and colours of the Mediterranean provoke a sense of the presence of death that coexists, however, with the sensuality of the people's bodies. The second film, based on Chaucer, contradicts one's expectations of lightness and carnal thrills as, in fact, it brings to the screen a northern European world of repression and violence. The third film, loosely adapted from the Arab fable and set in a dreamlike, sensual world, is the only one portraying a world free of the idea of sin.

The costumes of the *Trilogy*, explained Donati, were "all made in Rome. I had never been to England; I had never been to India and I had never been to Naples (I did go after *The Decameron*). [...] It is never a naturalistic effort, as I see it. I don't do it that way. I'm more interested in knowing why a jacket is split down the back, if you know what I mean. Why they rode horses. It is an investigation, a continual investigation." The young bourgeois characters, such as Andreuccio da Perugia, Caterina da Valbona and Lisabetta, wore garments with quantities of gold trim and linen underclothes, generally in whites and pas-

Un cappello con grande falda circolare, decorato con conchiglie e piume, è anche il copricapo di Edipo. La forma di questi cappelli, disegnati da Donati, è invece di ispirazione cinematografica e deriva dal film *L'intendente Sansho* (1954) di Kenji Mizoguchi, un autore particolarmente amato da Pasolini. A conferma dell'eclettismo pasoliniano, l'estetica 'barbara' del film si nutre quindi anche della reinvenzione di un'iconografia orientale.
Il grande mantello di Edipo è costituito da trecce sciolte all'esterno ma sotto è tessuto intero. I cappelli con le grandi ali erano di cocco, mentre la struttura sottostante era di sughero, con il cuoio intorno inciso e bruciato, retto su una struttura di fili di ferro: sono volumi che dilatano i corpi, ne ingigantiscono le dimensioni in una chiave favolosa e magica, trasformando le fisionomie in sagome irreali e fantastiche. I costumi sono quindi determinanti nell'imprimere alla parte centrale del film una forma onirica e straniante. Ma non è un sogno evanescente, perché la materia dei cappelli e degli abiti si impone allo sguardo con la sua realtà fisica.
Lo stesso discorso vale per i gioielli, che Donati disegnò e Farani realizzò in formelle di creta dove fu versato il piombo: "Le fusioni erano per delle grosse piastre appese davanti, sul petto dei personaggi […] piastre sempre bucherellate; ci si spruzzava sopra l'oro, si faceva in maniera da spruzzarlo male così che venisse fuori il grigio scuro del piombo, e l'oro, che durava poco […] dava comunque un effetto di antico, consumato, importante". Fogge povere ma che rimandavano a un'epoca rinascimentale, furono quelle adottate per *Porcile* (1969) dove le divise dei soldati dell'episodio antico sono state realizzate con cencio trattato a 'cartucciera' (pieghe tutte uguali, fitte, cucite vicino da un filo di spago, per simulare spessore). È un Rinascimento ridotto all'essenziale, mentre i cannibali indossano cenci il cui colore si confonde con i cromatismi scuri del vulcano (l'Etna).
I film della Trilogia della vita (*Il Decameron*, 1971, *I racconti di Canterbury*, 1972 e *Il fiore delle mille e una notte*, 1974) sono, in realtà, molto diversi l'uno dall'altro. Il primo è calato nel mondo partenopeo, con le luci e i colori mediterranei dove si insinua un senso di morte che convive con la sensualità dei corpi popolari; il secondo, ispirato a Chaucer, contraddice le premesse di leggerezza ed ebbrezza della carne perché in realtà rappresenta un mondo nordico di repressioni e violenze. Il terzo film, liberamente tratto dalla favolistica araba, è l'unico a raffigurare un universo libero dal senso del peccato, calato in una dimensione onirica e sensuale.
I costumi della *Trilogia*, raccontò Donati, sono stati "tutti fatti a Roma. Io non ero mai stato in Inghilterra, non sono mai stato in India, non sono mai stato a Napoli (dopo il *Decameron*, sono stato a Napoli). […] Non è mai una ricerca naturalistica, secondo me. Io non la faccio così. Mi interessa di più sapere perché una giacca è spaccata dietro, ecco. Perché si andava a cavallo. È un'inchiesta, continuamente un'inchiesta".
Negli indumenti, fra i giovani borghesi come Andreuccio da Perugia, Caterina da Valbona o Lisabetta, predominano le passamanerie dorate, la biancheria di lino, e come colori i bianchi e i toni pastello. Come tessuto, predomina il feltro che "ha una sua struttura, è un materiale grosso, le figure drappeggiate nel feltro sono come delle statue". Per *Il Decameron*, Donati dichiarò: "Io non ho fatto altro che studiare come vivevano in quel periodo e rifare esattamente. Tutto quello che fino a quel momento avevamo visto, del Medioevo, è sbagliato, perché la gente aveva dimenticato cos'era la verità. La calza braga, la mutanda, le materie: basta leggere dei testi. […] Letteraria, per me sempre letteraria. Io non voglio vedere mai niente. Il quadro dell'epoca non ti dice come è tagliato un abito. Tu puoi fare un vestito e poi confrontarlo con un quadro dell'epoca. L'informazione visiva è sempre piena di inganni, perché c'è un fatto: chi si fa dipingere è sempre in situazione ufficiale. Ci sono dei testi che ti raccontano cosa c'è nel corredo di nozze nel 1400. Questi ti fanno capire, anche se non lo vedi e leggi che ci sono degli indumenti che non si sa che cosa erano, ti fanno capire come potevano essere. Quando tu vedi un quadro, è perché qualcuno ha voluto fermare nel tempo un'immagine. Il cinema è il contrario. È il movimento, è la verità, è il caso".
Donati procedette a una contaminazione più complessa perché (per esempio nell'episodio di Ciappelletto) possiamo identificare elementi ispirati da quadri del Cinquecento, di Brueghel il Vecchio come *Il Combattimento tra Quaresima e Carnevale* (1559), *Giochi di fanciulli* (1560) e *Il paese della cuccagna* (1567).
Risalta la povertà dell'abbigliamento del "miglior discepolo di Giotto" (nel racconto di Boccaccio è proprio il grande pittore) che diviene un autoritratto di Pasolini,

I racconti di Canterbury, 1972, Pier Paolo Pasolini

tels. The most common fabric used was felt, which "has its own structure; it is a coarse material. Figures draped in felt look like statues."

For *The Decameron*, Donati said, "I did nothing but study how they lived in that era and recreate it exactly. Everything we had seen until then of the medieval period was wrong because people had forgotten the truth. The breeches, the underwear, the materials: you just have to read the sources. [...] Literary, that is, for me it must always be literary. I never want to look at anything. The paintings of the period don't tell you how the clothes were cut. You can make a dress and then compare it to a painting from the period. The visual information is always quite misleading because you have to keep in mind that the subject being painted is always in an "authorized" situation. There are texts that tell you what was in a wedding trousseau in 1400. They help you understand, even if you can't see it and you read about clothes you have no idea what they are. The texts still help you imagine how they might have been. When you see a painting, it is because someone wanted to stop time for that particular image. Film is the opposite. Film is movement; it is truth, and chance."

Donati went on to more complex types of contamination. Elements in the Ciappelletto episode, for example, are clearly inspired by paintings from the 1500s by Brueghel the Elder, including *The Fight between Carnival and Lent* (1559), *Children's Games* (1560), and *The Land of Cockaigne* (1567). One is struck by

interprete del personaggio: nella prima sequenza in cui appare, si veste con il povero cappello e gli stracci di un contadino per difendersi dalla pioggia, ma questo costituisce anche il pretesto per visualizzare un'adesione, anzitutto fisica, con il mondo contadino.

Farani disse che "in ogni lavoro di Donati predomina un materiale: se nel *Vangelo* c'erano le lane, nell'*Edipo* ci sono queste cose filate e tessute a mano, nel *Decameron* ci sono dei costumi di feltro, nei *Racconti di Canterbury* tutto è di velluto lucido".

Infatti nel film s'impongono alla vista gli abiti dei dignitari o dei ricchi come Gennaio (che compra il corpo della giovane Maggio per i propri piaceri senili). Quest'ultimo indossa nelle occasioni ufficiali, velluto di seta panné, cotone e pelliccia, con i colori sgargianti (prevalgono viola, verdi, aranciati e rossi carminio brillanti). I cromatismi così accesi e il lusso degli indumenti rendono ancora più evidente il contrasto con la sua vecchiezza che, in un certo senso, dovrebbero dissimulare.

Con *Il fiore delle mille e una notte* Donati lavorò in contrapposizione al film precedente, adottando garze e pezze, materiali poveri per realizzare tessuti lurex decorati con frange di filo di lana e passamanerie da tappezzeria, pietre dure colorate, stamigna di lana (la stoffa delle bandiere). È l'utopia del mondo povero e disinibito nella propria sessualità sognato da Pasolini. I rari costumi preziosi di re e principi (come quello sotto cui la giovane schiava Zumurrud dissimula la propria identità e il proprio sesso) sono invece ispirati alla tradizione araba.

Dall'utopia di un mondo antico intatto, all'orrore del presente travestito da passato: *Salò o le 120 giornate di Sodoma* (1975), l'ultimo film di Pasolini. Donati: "L'ho fatto [...] come se fosse una sacra rappresentazione. È tutto come una sacra rappresentazione. [...] Una delle cose più difficili da fare al mondo". E' uno spettacolo religioso e popolare dove ogni atto e ogni figura rimanda ad altro,. In questo caso il riferimento è al Presente, che Pasolini non vuole rappresentare direttamente per il disgusto che gli ispira. Così, il Presente dell'omologazione borghese, della cancellazione dell'identità popolare, è dissimulato anche negli abiti della borghesia degli anni 40, come quelli indossati dalle tre narratrici, tre prostitute che devono eccitare i quattro signori con i racconti delle loro esperienze di perversione (sulla falsariga del romanzo incompiuto di Sade, cui Pasolini ha liberamente attinto per il film).

Particolarmente significativo è il costume della signora Vaccari (Hélène Surgère), che ha una fisionomia funebre, con il raso bianco e tulle di cotone, dove spiccano fiori luttuosi in paillette bianche e nere, fiori bianchi e foglie nere. Eleganza altrettanto funerea connota il giacchino profilato di paillette dorate, con cappa bordata di pelliccia di volpe nera della signora Maggi (Elsa De Giorgi) e l'abito e giacca in raso damascato avorio della signora Castelli (Caterina Boratto). Le tre signore nel paradossale anacronismo delle loro fogge anni 40, rappresentano, invece, figure emblematiche di un nuovo ordine, di un nuovo mondo dove la perversione e la violenza sono diventate la norma.

the poverty of the apparel of "Giotto's greatest disciple" (in the story by Boccaccio it is the painter himself), who can be seen as a self-portrait of Pasolini, who interpreted the character himself. When he first appears, Pasolini is wearing the humble hat and rags of a peasant to protect himself from the rain, which also serves as a means to establish a connection, especially a physical one, with the peasants' world.

Farani explained, "In each of Donati's works, one material predominates. Wool was used in *The Gospel*, while many of the costumes in *Oedipus* were spun and woven by hand; in *The Decamaron*, they were made of felt, and in *Canterbury Tales* everything was made of shiny velvet." In fact, the clothes of the dignitaries and the rich, such as January (who buys the body of the young May for his senile pleasures), have a compelling presence on the screen. In official situations, January wears panné velvet, cotton and fur, all of brash colours (primarily purple, and bright greens, oranges and crimsons). These vivid tones, along with the luxuriousness of his apparel, highlight the disparity between the girl's youth and his old age, which one would have expected the clothes to disguise in some way.

In contrast to this opulence, in *Arabian Nights*, Donati used gauze and fabric swatches, humble materials to create taftans, lurex fabrics decorated with wool thread fringes and upholstery trim, coloured precious stones, and wool bunting (used to make flags). Overall, it is a utopia of the world of paupers with their uninhibited sexuality, a utopia dreamed up by Pasolini. On the other hand, the few precious costumes of the king and princes (such as the one under which the young slave Zumurrud disguises her identity and her sex) are adapted from the Arab tradition.

Pasolini's last film, *Salò or the Hundred Days of Sodom* (1975), moved away from the utopia of an ancient intact world into the horrors of the present disguised as the past. Donati recounted, "I did it (...) as if it were a sacred representation. It is all like a sacred representation. (...) One of the most difficult things in the world to do." A sacred representation is a popular religious performance where each act and each character stands for another. In this case, the reference is to the Present, which Pasolini preferred not to represent directly because of his aversion for it. Therefore, the Present of bourgeois uniformity and the eradication of the identity of the people is concealed behind the attire of the Italian bourgeoisie of the 1940s, like that worn by the three female narrators, three prostitutes who later arouse the four men with stories of their perverse experiences (along the lines of de Sade's incomplete novel, from which Pasolini borrowed freely).

Signora Vaccari (Hélène Surgère) wears a particularly disconcerting dress. The thorny sequin white flowers with large black leaves against the brilliant white satin and cotton tulle give the dress a decidedly bleak look. Similarly dismal elegance appears in the jacket hemmed with gold sequins and the black fox fur-lined cape of Signora Maggi (Elsa De Giorgi) and the dress and ivory, damask satin jacket of Signora Castelli (Caterina Boratto). With the paradoxical anachronism of their 1940s outfits, the three women become emblematic representations of a new order, a new world where perversion and violence are not only codified, but they have become the norm.

La belle matière

ROBERTO VALERIANI

> *Per l'uomo del Medioevo gli aspetti formali dell'opera d'arte sono singolarmente privi di importanza: egli ne attribuisce piuttosto al contenuto della raffigurazione"*
> Fritz Saxl

Lo chiamavano "il Tiepoletto" a Gian Domenico, per distinguerlo gerarchicamente dal genitore, Giovanni Battista. Era capace di proseguire con destrezza le mitologie paterne, sacre o profane che fossero, ma ormai i tempi dell'epica barocca squadernata ai quattro venti come le volte affrescate a Madrid, a Venezia, a Würtzburg, erano passati e Gian Domenico diede il meglio di sé nelle visioni ravvicinate di un mondo fatto di esseri umani socievoli e silenziosi al contempo. Cicisbei e filosofi, bottegaie e contesse, garzoni e abati: tutti ugualmente brillanti e patetici, con o senza maschera, tutti ciarlatani e mentitori. Catturare l'antecedente storico del Tiepoletto e farlo diventare non solo un assoluto decorativo, ma anche un attributo etico fu fra i più alti raggiungimenti di Danilo Donati. Se l'apertura di *Casanova* è minuziosamente ispirata alle folle del *Mondo Nuovo* di Gian Domenico (ma con uno sguardo ai giochi di piazza di Gabriel Bella, oggi alla Fondazione Querini Stampalia, con le resse sui ponti e lungo i rii) altre scene del film restituiscono la grazia dei personaggi affrescati sui muri di Villa Valmarana, a piccoli gruppi isolati nella solitudine tipica dei narcisisti incalliti. La Venezia di Donati è tutta lì, il trionfo della solitudine ottenuto con un gran dispendio di mezzi e col massimo della sofisticazione. *Casanova* appare, in un certo senso, opposto ad altri suoi lavori che portano il marchio dell'arte contemporanea nella sua manifestazione più radicale. Se per Donati è necessario ricorrere al Settecento con le sete color gridellino, pulce o rosa secca, artefatte dai gioielli di princisbecco, è altrettanto naturale attingere al presente per le tragedie degli antichi e l'ironia dei novellieri.

Andare a ricercare le radici dell'ispirazione di uno scenografo o di un costumista non è un'operazione di archeologia, è quanto meno una celebrazione nostalgica del passato e della sua supposta superiorità sull'oggi. Semmai, come diceva Saxl, è riconoscere come il creatore di forme e lo spettatore comprendano meglio il contenuto, il significato delle forme stesse, piuttosto che il loro apparire. Sotto questo punto di vista i costumi sono il carattere del personaggio e la loro foggia può indifferentemente ispirarsi al passato o trovare una sintonia con l'estetica del momento giacché lo stile di un'epoca esiste. Anche al di là delle molteplici frammentazioni, minuscole fratture apparentemente antitetiche, il gusto di un dato periodo storico è palpabile, persino nel XX secolo in cui è mutato con una accelerazione costante. In molti hanno scritto e hanno parlato della sincronia delle scelte estetiche in diversi momenti della storia: non è solo una questione di moda (o forse lo è?) quanto l'essenza di un'Età di durata variabile, un'essenza scaturita dai fattori più disparati che, una volta rielaborati nelle mani dei singoli artefici, finiscono per assumere un carattere del tutto singolare e remoto da ciò che l'aveva originato.

Ma cosa, e chi lo origina? Non è questo il luogo per tracciare una "filosofia del gusto" giacché, come si è appena detto, l'argomento è stato sviscerato da molti, e nelle maniere più autorevoli (curiosamente oggi è considerato uno studio guardato con una certa sufficienza). Qui possiamo solo accennare ad

La belle matière

ROBERTO VALERIANI

"For the medieval man, the formal aspects of a work of art were strangely insignificant; only the content of the representation mattered."
Fritz Saxl

The name "Tiepoletto" was given to Gian Domenico in order to distinguish him from his father, Giovanni Battista. The son had the skill and talent to carry on in the footsteps of his father's mythologies – both sacred and profane. By then, however, the days of ubiquitous epic Baroque works were over, masterpieces such as Giovanni Battista's frescoed vaults in Madrid, Venice, and Würtzburg. Instead, Gian Domenico poured his talent into intimate visions of a world of gregarious yet silent human beings: dandies and philosophers, shopkeepers and countesses, stable boys and abbots, all equally brilliant and pathetic, with or without masks, and all charlatans and liars.

Taking the historical legacy of Tiepoletto and using it not only as a decorative absolute but also as a moral attribute was one of Danilo Donati's greatest achievements. The opening scene of *Casanova*, for example, is meticulously based on the crowds in *The New World* by Gian Domenico (along with the crowds thronging bridges and canals in Gabriel Bella's paintings, today in the Fondazione Querini Stampalia), while other scenes in the film recapture the gracefulness of the characters in Tiepoletto's frescoes in Villa Valmarana, small isolated groups in the solitude typical of inveterate narcissists. Such is Donati's Venice – a triumph of solitude conquered through the application of the most extravagant of means wielded with the most sophisticated of methods. In some ways, *Casanova* seems not to fit in with other of Donati's works, with their conspicuous imprint of contemporary art at its most radical. Yet for the set and costume designer, it was necessary to turn to the eighteenth century with its mauve, puce and pale rose silks adorned with pinchbeck jewelry, just as it was also natural to draw from the present for the tragedies of the ancients and the irony of the great story-tellers.

Searching for the roots of a set or costume designer's inspiration is not an archeological enterprise or a nostalgic celebration of the past and its supposed superiority over today. If anything, as Saxl said, it is recognizing how the creator of form and the viewer understand the content and meaning of the form itself rather than its appearance. From this point of view, costumes are the personality of a character, and it doesn't matter whether their style echoes the past or reflects the aesthetic of the day, inasmuch as the style of an epoch does indeed exist.

Despite the multiple fragmentations, small, seemingly antithetical ruptures, each historical period has its own recognizable style or "flavour", even the twentieth century with its ever accelerating transformations. Indeed, much has been said and written of the correlation between aesthetic choices of different historical periods. The issue is not simply one of fashion (or is it?) but rather of the essence of an Age (however long or short it may be), an essence arising from the most disparate factors which, in the hands of different individuals, end up acquiring a completely new identity.

But who or what creates this style, this flavour? This is not the place to expound a "philopsy of taste" since, as mentioned before, the subject has already been thrashed out by many, including quite authorative, scholars (though curiously, today, it is not considered a particularly worthy line of investigation). Here we can only indicate some of the references in Donati's

Il Casanova, 1976, Federico Fellini

alcuni riferimenti che attraversano l'opera di Danilo Donati e intersecano le contemporanee sperimentazioni artistiche ai rimandi al passato. Possiamo – e non siamo certo i primi a farlo – gettare dei ponti che colleghino le invenzioni dello scenografo e del costumista ai lavori di artisti del suo presente purché si tengano in conto le suggestioni che lo ancorano a tradizioni più antiche, gli inevitabili echi di iconografie lontane. Ecco il senso del riferimento di Donati al Tiepoletto e al suo cinico occhio colto nella spietata osservazione degli avanzi di un Rococò ormai sepolto e di una nuova società che in realtà è polverosa e disillusa più di quella antecedente.

In questo senso quella del nostro protagonista si configura come una sorta di lotta fra la saturazione dell'ornato e la scarnificazione dello stesso. Il Novecento si era aperto con la polemica radicale di Adolf Loos sull'ornamento e la sua condanna senza appello dell'abbellimento applicato aveva prodotto più o meno consapevolmente un effetto che sarebbe andato a cozzare con i principi del razionalismo nascente perché purificando la Forma, nettandola dall'orpello, in molti arrivarono a esaltare la Materia. Spogli e graficamente netti, gli stessi interni di Loos esibiscono un grado di bellezza materica conquistata con la giustapposizione di pietre e legni sofisticati chiamati a essere essi stessi, da soli, la Forma.

Spesso nell'opera di Donati la materia assume il ruolo di assoluta protagonista – così come accade nei lavori di molti artisti del momento – mentre alla forma tocca il compito di evocare significati allegorici. La materia di Donati in questo caso non è quella che per i francesi del XVIII secolo era *la belle matière*, il bronzo, i marmi, la porcellana, le essenze esotiche usate nell'arredamento, oppure le stoffe, gli smalti, i velluti, le lacche e i fili d'oro adoperati per costruire abiti, o ancora le pietre dure, gli avori, i cristalli che scivolavano sotto forma di oggetti disparati nelle mani del collezionista. E non è nemmeno

work that blend contemporary artistic experiments with traces of the past. We can identify connections between his inventions and the work of artists of his day – with no pretensions of being the first to do so, and without underestimating the aspects that anchor him to much older traditions, the inevitable echoes of distant iconographies. Here lies the meaning of Donati's allusions to Tiepoletto and his cynical eye, captured in its unsparing observation of the remains of an extinct Rococò and of a new society, more turbid and world-weary than the one it replaced.

In this context, Donati could be seen as struggling between an approach that called for saturating with ornament and one that strips it to its barest essentials. The twentieth century had began with Adolf Loos' radical critique of ornament and his unqualified condemnation of applied embellishment, which produced more or less intentionally an effect that clashed with the principles of emergent rationalism: indeed, by purifying Form, cleansing it of its frills, many ended up glorifying Matter. Even Loos' stark, linear interiors acquire a distinct material beauty from the juxtaposition of stones and exotic woods, called upon to be the Form in and of themselves.

In Donati's work, it is matter itself that often plays the dominant role – as in the works of many artists of the time – while form has the task of evoking allegorical significance. In these cases, Donati's material is not what the eighteenth-century French called *la belle matière*: bronze, marble, porcelain, and other exotic materials used in furnishings; nor is it the fabrics, glazes, velvets, lacquers and gold threads used to construct garments, nor the precious stones, ivories or crystals sought-after by collectors in myriad forms and objects. It is not even the synthetic materials used by so many artists in the 60s and 70s. Donati's material is a robust element, a primitive fabric whose warp and weft are worked with an almost intentional gracelessness into rough weaves, or fabrics that are simply used in their raw state, like uncarded wools or cottons left with the padded consistency of the flower.

Serving as a sort of counterpoint, Donati uses the lightness of puckered gauze, folded again and again according to ancient methods, as well as the stylized embellishments made with unexpected random ma-

I racconti di Canterbury, 1972, Pier Paolo Pasolini

terials, including bones, stones, leaves, feathers and even twigs. Metals are hammered to form cages that hold other fragments. It should be kept in mind that Claire Falkenstein's gate in the Peggy Guggenheim Foundation garden – an iron web trapping broken bits of glass – was made in 1961, *Oepidus Rex* in 1967. The next year, Pino Pascali made his bristly *Easel* and *Trap*, made of skeins of steel wire that form thick cables, in an example of the contemporary sifted through the indispensable filter of imagination.

In effect, materials have always seduced set and costume designers for both the future they foreshadow and the past they carry with them, almost in a Proustian sense. It is not necessarily associated with audacious experimentation, however, as in Donati's case. Decades earlier, Oliver Messel, a quite different set and costume designer in London in the early 1900s, recalled how, as a child, he had visited a renowned studio where small stage sketches were recreated in their full size. He was enchanted by the vertiginous canvasses hanging "like immense compositions by Piranesi and by the smell of the paint dripping over the rims of the buckets and pots."

A few years later, one of the decorators of his family house led him "through a labyrinth of alleyways

Porcile, 1969, Pier Paolo Pasolini

la materia sintetica adoperata da molti artisti degli anni 60 e 70. Per Donati è un elemento robusto, un tessuto barbarico in cui trama e ordito si intrecciano quasi con voluta malagrazia in reti approssimative, o restano allo stato di materiale grezzo come lane neppure cardate e cotoni che hanno ancora la ovattata consistenza del fiore. A far da contrappunto ci sono la levità delle garze pieghettate, torte e ritorte secondo procedimenti antichi, e gli abbellimenti stilizzati fatti di ogni sorta di accidentale materia: ossa, sassi, foglie, conchiglie, piume, persino sterpi. I metalli sono battuti con forza e formano gabbie che includono altri frammenti – le porte del giardino della Fondazione Peggy Guggenheim a Venezia di Claire Falkenstein, con i vetri grezzi catturati in una letale ragnatela di ferro sono del 1961, *Edipo re* del 1967; l'anno successivo Pino Pascali realizza il suo setoloso cavalletto e la trappola fatta di matasse di fili di acciaio che formano grossi canapi. Un caso di contemporaneità ma filtrato attraverso la necessaria fantasia.

D'altro canto la materia seduce da sempre lo scenografo e il costumista, sia per le potenzialità che prefigura sia per ciò che riporta dal passato, quasi in un senso proustiano e non è necessariamente legata a sperimentazioni estreme come quelle di Donati. Uno scenografo e costumista di diversi decenni prima e di ispirazione diversa, Oliver Messel, raccontava come da bambino, condotto a visitare un celebre studio (era la Londra degli inizi del Novecento) dove i modelli delle scene teatrali venivano portati alle dimensioni necessarie, fosse rimasto incantato dal-

Intervista, 1987, Federico Fellini

worthy of Dickens" to admire the fantastic materials "woven in workshops that seemed like scenes from Hogart, like hideaways lost under every sort of fringe and braid," not to mention the woodcarvers, the gilders with their delicate gold leaf flashing after being burnished with agate, and the glassblowers who blew white-hot shapes that were then cut and engraved by other skilled artisans. With these elements, set and costume designers can recreate a world of polished sophistication, as Messel did, and also simulate other materials while giving an entirely new meaning to bygone fashions.

The rough woollen consistency of the materials draped over certain characters in *La Mandragola* or the pharisees in *Gospel According to Matthew* confirm Donati's fascination with a forceful tactile presence, though one that does not exclude, when appropriate, a juxtaposition with an almost late-Gothic delicacy.

le vertiginose tele che pendevano "come immense composizioni di Piranesi e dall'odore che emanavano i secchi e i barattoli gocciolanti vernici". Qualche anno dopo, uno dei decoratori della casa di famiglia lo aveva guidato "in un dedalo di stradine dickensiane" ad ammirare materie fantastiche "tessute in botteghe che sembravano scene di Hogart, nidi occultati di frange e galloni di ogni sorta" e poi da intagliatori, da doratori con le loro impalpabili foglie che rilucevano dopo essere state ripassate all'agata, da soffiatori di vetro che davano corpo a forme incandescenti poi tagliate e incise da altri artigiani provetti. Con quegli elementi lo scenografo e il costumista possono ricreare, come faceva Messel, un mondo di mondanità levigata o possono fingere altre materie dando un senso del tutto inedito a fogge antiche. La consistenza lanosa e ruvida dei drappi in cui sono avvolti certi personaggi della *Mandragola* o i farisei del *Vangelo* permettono di comprendere l'amore di Donati per una forza tattile che non rifiuta, se necessario, la contrapposizione con delicatezze quasi da tardo gotico – e allora le donne al bagno nella commedia di Machiavelli si ornano di voluminose cuffie fatte di corolle candide, come le fanciulle cortesi di Pisanello o come certe attrici e cantanti, più vicine nel tempo, che non sarebbero dispiaciute a Messel e a Nöel Coward.

La materia che Donati adopera, soprattutto per i personaggi di certi suoi lavori con Pasolini, domina ogni dato iconografico del passato. È radicata, come si è detto, nelle citazioni di Burri (terre screpolate e tele di sacco dalla trama primitiva, piagata dal fuoco) ma anche di Fautrier o Dubuffet. A voler sofisticare, le materie impiastrate e crepate che Donati spalma persino sui volti potrebbero essere lette anche come rimando a pittori molto più antichi, alle prese con tecniche sperimentali per l'epoca in cui vissero e che con il tempo causarono danni non voluti. Quella della materia "sciupata" dal destino è una storia lunga e si estende in epoca moderna almeno da Leonardo a Malewicz: (un articolo erudito dato alle stampe negli anni 90 da una studiosa russa si intitolava, quasi umoristicamente, *All good paintings crack*). Sembra una corsa inconsapevole ad accelerare il tempo e a mostrare il decadimento; nel caso dell'utilizzo consapevole da parte di Danilo Donati configura anche lo spessore della memoria che attribuisce alle forme un connotato di epico disfacimento. Non sono materie "sciupate" ma piuttosto favole trasformate in frammenti e rovine: l'eleganza filosofica del regista magicamente tramutata in eleganza formale dal costumista attraverso materiali precari – come scrisse Franco Berti nel catalogo di una mostra di diversi decenni fa sulla Firenze del tardo Cinquecento, commentando i costumi di Bernardo Buontalenti per gli Intermezzi della *Pellegrina*, allestita nel 1589. Chi scrive ha già citato, a proposito di alcuni prodotti del binomio Donati/Farani, quei disegni minuziosi in cui compaiono creature umane ricoperte di alghe, conchiglie e coralli: il paragone fra quei fogli con la Giocasta dell'*Edipo re*, abbigliata come una figura di Tanagra, o con certi drappeggi liquidi del *Satyricon* è solo in parte azzardato. La languida erudizione del tardo Cinquecento si trasforma, sullo schermo, proprio grazie alla scabrosità delle materie. E le funi di Pascali cui si accennava finiscono col distare poco, seppure composte di acciaio, dalle trame e dagli orditi che vestono gli attori nel dramma di Sofocle.

Visto che si è appena parlato di narrazioni non consideriamo solo il bilanciamento fra Forma e Materia come uno dei punti fondamentali nell'opera del nostro protagonista; un altro binomio va considerato, quello che contrappone la Favola al Mito. Nel racconto di stampo mondano, in cui l'aneddotica non ha un intento etico troppo marcato, prevale la forma con i suoi manichini rivestiti di fogge fantastiche. Nei miti mediterranei, a partire dal *Vangelo secondo Matteo* passando per l'*Edipo re*, la materia sembra avere il sopravvento. La Mangano nei panni della Vergine Maria assume l'iconografia, quasi realistica, della Madonna della Misericordia di Piero della Francesca (è Pasolini stesso, come si legge nella mostra attuale, a denunciare la propria ispirazione da Piero per certe immagini di quella pellicola) ma appare smaltata, austera, come le miniature del tardo Medioevo fino ad assomigliare a una vergine di Duccio, ma venata della malinconia delle Madonne, gelide, propagandate dalla Controriforma proprio

Salò o le 120 giornate di Sodoma, 1975, Pier Paolo Pasolini

Thus the women in the baths in Machiavelli's comedy wear voluminous headpieces of bright white petals, like Pisanello's ladies of the court or, more recently, like certain actresses and singers who Messel and Nöel Coward and the like would have greatly appreciated. The materials used by Donati, especially for the characters in a number of his films with Pasolini, overwhelm any iconographic reference to the past. They are rooted, as has been pointed out, in citations of Burri (cracked earth and canvases made of large-weave sacks, scorched by fire) but also of Fautrier and Dubuffet. At the risk of being didactic, one could see the cracked pastes that Donati smears on the actors' faces as a nod to painters of much earlier eras who, experimenting with techniques still unproven in their day, caused unwanted damage to their own works in the end.

This problem of materials destined to "spoil" is a long story, which in modern times goes at least from Leonardo to Malewicz. (Indeed, one scholarly article published in the 1990s by a Russian critic was wittily entitled "All Good Paintings Crack.") It seems almost like an unconscious race to accelerate the passage of time and show the inevitable decay it causes. When Donati uses such materials intentionally, they also represent the depth of memory, which ascribes an epic deterioration to forms.

They are not "spoiled" materials, however, but fables transformed in fragments and ruins: the director's philosophical elegance is magically transmuted into formal elegance by the costume designer using the most precarious of materials, as Franco Berti wrote several decades ago in the catalogue for an exhibition on Florence in the late sixteenth century, commenting on costumes by Bernardo Buontalenti for the Entr'actes of *La Pellegrina*, performed in 1589. In this regard, it is not so far-fetched to compare the scrupulous drawings mentioned before with respect to some of the Donati/

in virtù della qualità dei suoi drappi. E di nuovo il confronto con Messel e la sua Maria gotica nell'allestimento del 1932 di *The Miracle* di Max Reinhardt dimostra come, partendo da un riferimento iconografico assai prossimo, si possano raggiungere risultati del tutto opposti (sebbene l'algida bellezza di Lady Diana Cooper, che impersonava a sere alterne quell'immobile icona su un palcoscenico di Broadway drappeggiata di damasco, è quanto ci sia di più vicino mondanamente al pathos esibito dalla Mangano in panni assai più drammatici).

L'erudizione di Donati fa a gara con quella dei registi. Se per il *Vangelo* afferma di essersi ispirato a Piero della Francesca, Donati rincara la dose andando a scovare copricapi in pittori del Quattrocento preziosi come Gentile da Fabriano o van Eyck: diventa attentissimo alle gerarchie sociali marcate da quelle cromatiche nella *Bisbatica domata* di Zeffirelli, imposta riferimenti araldici e disegni geometrici trasformando le battaglie di Paolo Uccello in tornei domestici variopinti, tutti scacchi, losanghe, bande e inquartature, nei *Racconti di Canterbury*.

Infine, nel *Fiore delle Mille e una notte*, riesce a trasportare materia e forma, favola e mito in un unico spazio liminare. A ispirarlo questa volta è il mondo delle miniature Moghul in cui le campiture senza ombre di inchiostri smaltati definiscono forme e creature dai profili netti, sottolineati di nero, come occhi profilati dal *khol*. La bellezza formale e materica si appaiano in quel film in maniera finissima: archi e turcassi degli arcieri hanno il ritmo delle *tugra* ottomane e la minuzia decorativa del vasellame *bidri* con le sue minuscole tarsie di ottone e d'argento, e tutto assume il valore calligrafico delle damaschinature. Gli oggetti che ispirarono queste invenzioni appartengono a quel mondo della *belle matière* che ha affascinato l'Europa da epoche immemorabili. In tutti i tesori reali dell'Occidente si custodiscono lavori di questo genere, dalle prime porcellane *celadon* montate ancora da gioiellieri gotici, alle armi e le sellerie strappate al turco dalle armate veneziane, accostate a fragili composizioni del Nuovo Mondo come i paramenti messicani composti con piume di uccelli esotici. Fra le curiosità più ambite ci furono le suppellettili coperte di scaglie di madreperla che arrivavano dal Gujarat al nostro continente nel primo Seicento grazie ai mercanti portoghesi. È la madreperla, sotto forma di paillette, che il nostro uomo sceglie per illuminare i costumi dei *Clown* e dar loro l'aspetto liquefatto degli abitanti di Delo paludati dal Buontalenti in quel lontano giorno del tardo Cinquecento fiorentino. Accanto alle drammatiche vesti in materiali aspri testimoniano le vastità delle ispirazioni di Donati. Se è vero che il gusto di un'epoca esiste è pur vero che a volte dimostra di essere un motivo ricorrente, al di là della sua stessa epoca, racchiuso nelle ideazioni dei veri creatori che divinano ciò che hanno visto e ciò che ancora deve essere visto, giacché la fantasia non immagina necessariamente quel che accadrà.

Farani costumes – drawings of human creatures bedecked with algae, shells and coral – with those for *Oedipus Rex* of Jocasta dressed as a figurine from ancient Tanagra, or with certain flowing drapery in *Satyricon*. The languid erudition of the late sixteenth century is transformed on screen, thanks specifically to the ruggedness of the materials. In the end, those cables of Pascali's are not so distant after all – even if they are made of steel – from the coarse weaves worn by the actors in Sophocles' tragedy.

Since we have just spoken of narratives, we should consider not only the balance between Form and Matter as one of the pivotal aspects of Donati's work; the relationship of Fable and Myth also plays a role. In the secular stories, in which the plot has no particular moral function, Form prevails, with its mannequins sporting extravagant fashions. On the other hand, in the Mediterranean myths, beginning with *Gospel According to Matthew* and including *Oedipus Rex*, Matter seems to take over.

The actress playing the Virgin Mary, Silvana Mangano, assumes the almost realistic iconography of Piero della Francesca's *Virgin of Mercy* (Pasolini himself announced that he had borrowed from Piero for certain images in the film, as can be read in this exhibition). Nonetheless, she seems glazed, as austere as a late-medieval miniature, or like one of Duccio's virgins, but imbued with the melancholy of those icy Madonnas propagated by the Counter-Reformation, for the nature of their long drapery-like robes, in fact.

Similarly, the comparison with Messel and his Gothic Maria in Max Reinhardt's 1932 production of *The Miracle* shows how, starting with a quite recent iconographic reference, a totally opposite effect can be acheived (although the frigid beauty of the damask-clad Lady Diana Cooper, who played the motionless icon on Broadway on alternate nights, is the closest thing secularly speaking to the pathos expressed by Mangano in a much more dramatic role.

Donati's cultural erudition rivaled that of the directors with whom he worked. While asserting that he drew inspiration from Piero della Francesca for *The Gospel*, he also went much further, researching headgear depicted by the exquisite painters of the fifteenth century such as Gentile da Fabriano and van Eyck. He carefully studied the social hierarchy indicated by the use of colour in Zeffirelli's *The Taming of the Shrew*; he incorporated heraldic references and geometric patterns, transforming Paolo Uccello's battle scenes into brightly-coloured tournaments – all checkers, diamonds, and stripes – in *Canterbury Tales*.

Finally, in *Arabian Nights*, he managed to bring together Matter and Form, Fable and Myth in a single liminal space. This time the inspiration was the world of Moghul miniatures, in which inked areas with no shadows create forms and creatures with clean contours, outlined in black like eyes highlighted with *khol*. Donati achieved a particularly refined beauty of form and matter in this film: the arrows and quivers of the archers have the sinuous rhythm of Ottoman *tugra* and the decorative intricacy of *bidri* pieces with their minute bronze and silver tessera. All in all, they imbue the scenes with the calligraphic beauty of damascenes. The objects inspiring these creations belong to the world of *la belle matière* that has always fascinated Europe. All the royal treasures of the West include works of this type, from the first *celadon* porcelains mounted by Gothic jewelers to the weapons and saddles seized by the Venetian armies from the Turks. Also collected were fragile creations from the New World, such as Mexican regalia made with the feathers of exotic birds. Among the most sought-after curios were the decorative objects encrusted with mother-of-pearl brought by Portuguese merchants from Gujarat to Europe in the early seventeenth century.

Donati, too, chose to use mother-of-pearl, in the form of paillettes, to highlight the costumes in *The Clowns* and to give them the liquified aspect of the inhabitants of Delos inappropriately clad by Buontalenti in late sixteenth-century Florence. These costumes, together with equally memorable ones with coarser materials, testify to the brilliance and breadth of Donati's inspiration. While it is true that each era has its own style, it is also true that at times that style becomes a recurring motif long afterwards, encapsulated in the vision of true artists who comprehend what they have seen and intuit what must still be seen, since imagination does not necessarily foresee all that will come to be.

Danilo Donati creatore di visioni

GIANFRANCO ANGELUCCI

*Lasciamo il vero ai pedanti
e trastulliamoci solo con ciò che dalla verità
possiamo prendere a piacimento*
Danilo Donati

Non molti sanno che Danilo Donati, superati i settant'anni, aveva scoperto una vena narrativa copiosa come una fiumana, inarrestabile. Quando ero ancora direttore della Fondazione Fellini, nel 1999, mi sottopose il brogliaccio – 982 pagine scritte a pennarello – di una storia ambientata durante la guerra, al passaggio del fronte, a Firenze. In frontespizio c'era una visione dei ponti e del Lungarno sotto un cielo altissimo, erratico di nuvole bianche. Vi si narrava la vicenda di un gruppo di omosessuali, costretti a quel tempo a una semiclandestinità, che salvavano nell'abitazione di uno di loro, un sicuro accogliente sottotetto, un aviatore americano precipitato nei boschi. Sullo sfondo bellico minuziosamente ricostruito, scorreva il fluire denso, romantico, sensuale, coltissimo, di un'esistenza socialmente problematica che tuttavia non rinunciava a se stessa; e i cui adepti, come monaci di un moderno Medioevo, preservavano caparbiamente in ogni sua espressione, fedeli al decoro e alla bellezza che la barbarie dei tempi avrebbe voluto cancellare. Una prova letteraria avvincente fin dalla prima riga e di sorprendente maturità.

Mi adoperai immediatamente per farla trascrivere al computer e renderla proponibile agli editori. E presto il manoscritto fu acquisito dalla Newton Compton che, secondo il desiderio di Danilo, lo diede alle stampe con il titolo *Coprifuoco*, in assonanza con quella delicata condizione a cui il titolo alludeva nel gioco di parole: il coprifuoco della guerra e il copri-il-fuoco della diversità. Peccato che per la copertina non fosse stata accolta l'immagine allegorica accuratamente scelta dall'autore, la riproduzione di un sontuoso camino secentesco nel cui cuore divampano le fiamme di un rogo divorante. Uscito nel 2001, il romanzo era stato selezionato per il Premio Strega, imponendosi nella cinquina finale.

Ma Donati non si era lasciato distrarre dall'inatteso consenso, incalzato da quella nuova urgenza di scrivere che non gli concedeva pace, quasi presentisse che il tempo a disposizione era prossimo a scadere. Lavorava contemporaneamente a un nuovo romanzo fiume sulla malavita romana e a una serie di racconti, *Dei pranzi e delle cene*, in cui veniva componendo in una originale chiave narrativa un nuovo Convivio a specchio della sua lunga e felice carriera cinematografica. Era come se chiamasse a raccolta i grandi artisti con cui aveva lavorato, colti nel disarmato abbandono della mensa, luogo rivelatorio più d'ogni altro di verità sottaciute: da Visconti a Fellini, da David Lean a Silvana Mangano, a Ottone Rosai, suo maestro d'arte, di gusto e di vita.

Questa sua frenesia letteraria lo occupava fino a riempirgli le ore della notte. "Lavoro sempre – si esaltava – mi sveglio e mi metto a scrivere." Era come se la sua traboccante, inesausta creatività, non trovando gli sbocchi naturali in un cinema che avvertiva giorno dopo giorno più estraneo, o nell'adorata pittura a cui continuava a negarsi con pudore ferito (ma solo fino a un certo punto: basta riguardare i cartoni preparatori per *I Lombardi alla prima crociata*, o i bozzetti creati durante la pre-produzione di *Caterina di Russia!*), avesse trovato uno spiraglio nella vena narrativa spezzando un'esile crosta e fluendo libera sulla pagina.

Quante volte l'avevo spinto, ascoltandolo nei racconti della sua infanzia a Suzzara, a trasporli in una saga

Danilo Donati Creator of Visions

GIANFRANCO ANGELUCCI

"Let us leave veracity to the pedantic
And only amuse ourselves with what of truth
We can pick and take as we choose"
Danilo Donati

Few people know that Danilo Donati, after reaching seventy, had discovered a torrential narrative vein, wild and unstoppable. When I was still director of the Fellini Foundation, in 1999, he gave me a daybook to read – 982 pages handwritten in felt-tip pen – of a story set during the war in Florence. On the title page was a view of bridges and the road along the Arno River under a towering sky with erratic white clouds.

It told the story of a group of homosexuals, forced at that time to lead semi-clandestine lives, who saved an American aviator after he crashed nearby, sheltering him in the comfortable, safe attic where one of the group lived. Against the background of the meticulously reconstructed wartime environment flowed – in dense, romantic, sensual and eminently cultured prose – the socially-problematic existence that nonetheless refused to compromise, stubbornly preserved in every expression by the adherents, like monks of a Medieval modernity, faithful to the dignity and beauty that the savagery of the times was intent on annihilating. Indeed, from the very first line, the book was a compelling literary accomplishment – and a surprisingly mature one.

I immediately set about having it transcribed onto the computer so it could be proposed for publication. And quite soon the manuscript was acquired by Newton Compton who, according to Danilo's wishes, published it with the title *Coprilfuoco* – a play on words between the curfew in effect during the war and the "cover-up" of their diversity. Unfortunately, the book cover did not feature the allegorical image carefully chosen by the author, a reproduction of a magnificent eighteenth-century chimney in which blaze the flames of a mighty fire. Published in 2001, the novel was among the top five nominations for the Premio Strega.

Donati did not let himself be distracted by the unexpected acclaim, however, driven as he was by his new urge to write that left him no peace, almost as if he sensed that his time was limited. He worked simultaneously on a sprawling new novel on the criminal underworld in Rome and on a series of short stories, *Dei pranzi e delle cene*, in which he seemed to be recreating in an original narrative interpretation of Dante's *The Banquet* ('*Il Convivio*'), reflecting his long, successful career in cinema. It was as if he summoned together the great artists with whom he had worked – Visconti, Fellini, David Lean, Silvana Mangano, and Ottone Rosai, his mentor in art, taste and life – all portrayed in the off-guard relaxation of the dinner table, venue *per excellence* for the revelation of previously unspoken truths.

Donati's literary euphoria kept him up at night. "I'm working all the time," he exclaimed. "I wake up and start working right away." It was as if, not finding its natural expression in a world of cinema that he found increasingly alien nor in his beloved painting, which he avoided out of hurt pride (though only to a certain point: one need only look at the sketches for *I Lombardi alla prima crociata* or those made during the pre-production of Catherine of Russia [titolo?]!), his boundless, explosive creativity found a conduit

Danilo Donati e / and Federico Fellini

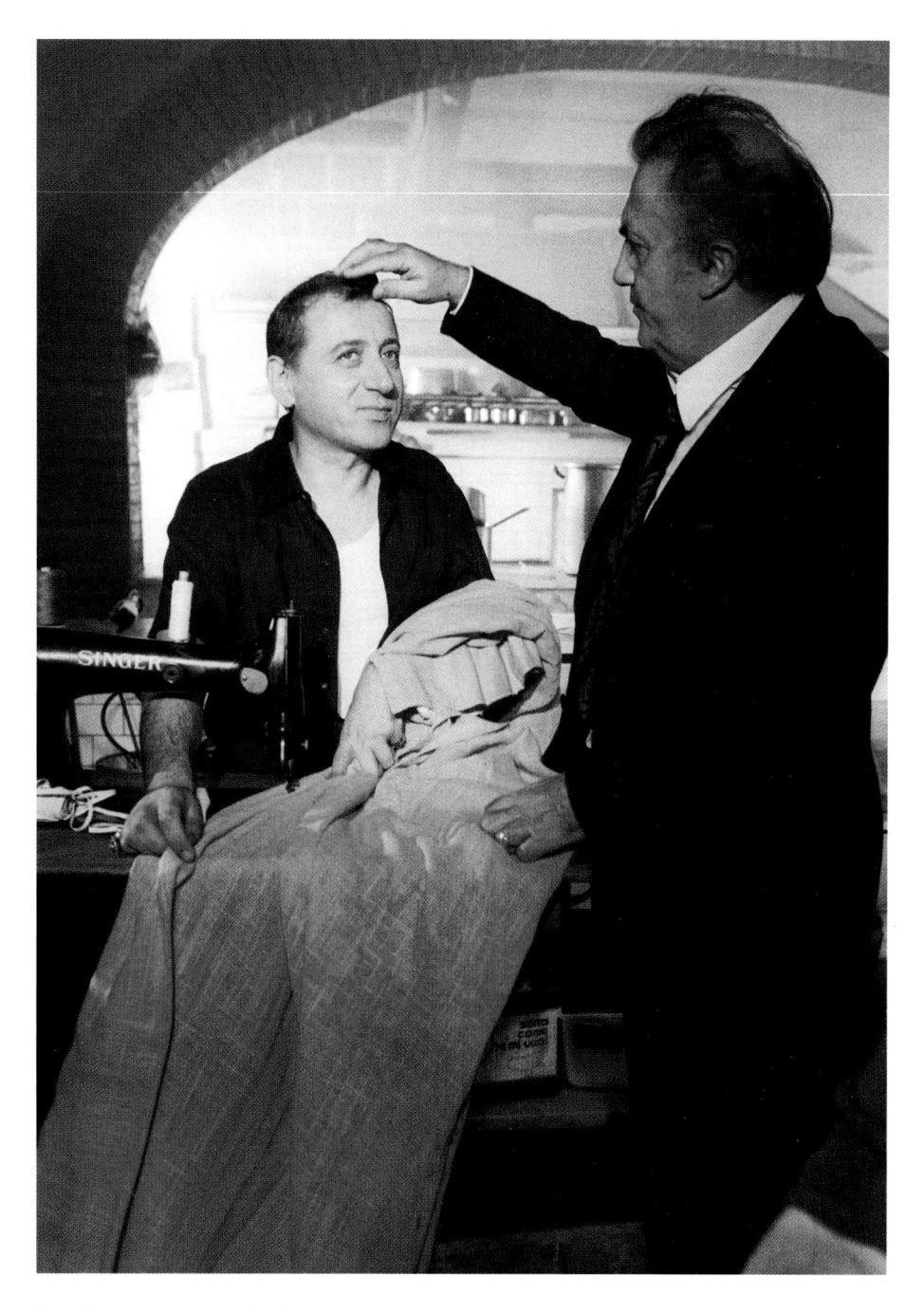

familiare; quante volte l'avevo esortato a fissare sulla carta certi raccapriccianti dettagli della sua adolescenza in provincia, tratteggiati con abilità di affabulatore! E adesso i risultati mi davano ragione.

Mi soffermo sull'attività letteraria di Danilo, perché è ciò che nella sua ultima, breve e generosissima stagione di vita, lo interessava di più. I premi non andava neanche a ritirarli; i film lo lasciavano scontento e amareggiato, qualunque fosse il loro esito. Si illuminava, si entusiasmava, soltanto a contatto con quella fiamma letteraria che lo stava divorando.
Ed è quel *noumen* che mi è sembrato di cogliere il giorno della sua scomparsa, quando corsi nell'appartamento di via Nicola Ricciotti 9, nel quartiere Prati. Era domenica 2 dicembre 2001. Danilo era disteso sul letto, l'aveva ricomposto e vestito Bruno che quella mattina, entrando nella sua stanza per svegliarlo e

in narration, breaching a small barrier and flowing copiously onto the page.

How often I had encouraged him – upon hearing stories of his childhood in Suzzara – to transpose them into a family saga; how often I had urged him to write down certain shocking details of his adolescence in the provinces, unfolded with all the skill of a true raconteur! And now the results proved me right.

I focus at such length on Danilo's writing because that is the activity that most interested him in his last, brief fertile season of life. He did not go to personally collect his awards while films of the time left him disgruntled and saddened, whether successful or not. In th end, he felt excited and inspired only when he was in contact with the literary flame that was devouring him.

It was that *noumen* that I sensed the day of his death, when I went to his apartment at via Nicola Ricciotti 9 in Prati. It was Sunday, 2 December 2001. Danilo was lying on the bed, dressed and lain out by Bruno, who had found him lifeless upon entering the room in the morning to wake him and administer his medicines. When I heard the news on the radio at 1.30 PM, I called the house and ran straight over.

It was a splendid day. Rome was a city in a state of grace, celebrating a Sunday with no cars, the center suddenly spacious and empty. I walked past Caffè Giolitti (Danilo's favourite *gelateria* was Fagiani on via Ferrari) and turned onto via Ricciotti. I walked up to the third floor; the door was half-open. Bruno appeared immediately and we hugged.

Then I walked to the end of the long hall; from the various doors the women of the house looked out – Paola, Bruno's wife, and daughters Danila and Lorenza. To the right was the living room where Danilo and I used to sit and talk for hours. In the study, a number of people were gathered, sitting on the two dark green velvet sofas, facing each other. Among them, I recognized Piero Albertelli, Danilo's lifelong partner, the friend with his feet well-planted on the ground. Although both of them had a head for art,

Albertelli found a job in a tailor shop when he first moved to Rome. He eventually became one of the finest shirtmakers in the city. His shop and atelier on via dei Prefetti, just a step away from the Parliament, was beloved by the politicians and all in all attracted a very exclusive clientele. Donati completely lacked this practical spirit, this flair for establishing influential connections and earning a comfortable income,but Albertelli was always willing and able to compensate for him. The delicate flower print shirts that he custom-cut as Donati stood with the fine cotton draped over him became proudly-worn works of art.

The sight of Danilo lifeless hit me like a direct blow, leaving me unable to cross the threshold for some minutes. Eventually I walked in, looking for a place to stand. To me, Danilo's face looked strangely wide, probably because his muscles were completely relaxed. Bruno, on the other hand, who had joined me in the meantime, commented tenderly, "He looks just like he does when he sleeps." Seeing him with his hands crossed on his large belly, his small, waxy fingers and his face unnaturally livid, I would never have said he was just resting. This was really death. Danilo was gone.

I wandered around his not-so-large room. On the bureau lay his watch with its metal band, attached with a small chain to a set of keys. I picked it up to hear it ticking, but it was silent. Here and there on the walls were paintings of saints, obviously copies, and a few of his own paintings. The double bed and iron headboard had been beautifully restored. On the night table (a period piece, as was almost all the furniture) sat a delicate round frame of multicoloured precious stones holding a photo of his mother as a very young woman. When other visitors arrived, I went into the study.

The walls were filled with ponderous, olive green bookcases overflowing with rare, important books, virtual historical and visual archives: Danilo's knowledge of painting so brilliantly used in his work, breaking all the rules. On the opposite wall near a second set of shelves was the tiny antique

per fargli prendere le medicine, aveva scoperto che se n'era andato durante la notte. Avevo udito la notizia al tg delle 13.30, avevo chiamato a casa ed ero corso. Una giornata splendida, Roma in festa per la domenica senza macchine, con il centro vuoto, improvvisamente spazioso. Una città in stato di grazia. Sono passato davanti al Caffè Giolitti (ma il suo preferito era Fagiani in via Ferrari) e mi sono infilato dritto in via Ricciotti. Sono salito a piedi fino al terzo piano, la porta era socchiusa e Bruno era subito dietro: ci siamo abbracciati. Poi ho percorso il lungo corridoio fino in fondo; dalle altre porte si affacciavano le donne della casa, Paola, la moglie di Bruno, le figlie Danila e Lorenza. Sulla destra il soggiorno dove con Danilo sostavamo a parlare. Nello studiolo s'erano adunate già varie persone sedute sui due divani di velluto verde scuro, uno di fronte all'altro. Ho riconosciuto Piero Albertelli, il suo compagno di sempre, l'amico con i piedi ben posati a terra. Entrambi con l'arte in testa, ma Albertelli, una volta giunto nella capitale aveva trovato lavoro in una sartoria di camicie ed era diventato uno dei migliori camiciai di Roma. Il suo negozio e atelier, in via dei Prefetti, era a un passo dal Parlamento, molto amato dagli onorevoli, e con una clientela tra le più esclusive. Relazioni importanti, guadagni adeguati, spirito pratico; quel lato che a Donati mancava drammaticamente e che lui era capace di compensare, senza venire mai meno all'occorrenza. Le camicie a piccoli fiori che gli tagliava addosso, da pezze di finissimo cotone, erano capi d'opera in cui l'amico si pavoneggiava.

La vista di Danilo senza vita mi ha trattenuto qualche momento sulla soglia, con l'effetto di un contraccolpo. Poi finalmente sono entrato cercando un posto dove sostare. Era steso sul letto, mi sembrava che avesse la faccia più larga, forse a causa dei muscoli rilassati; Bruno, che nel frattempo mi aveva raggiunto, aveva invece osservato con tenerezza: "C'ha proprio l'espressione di quando dormiva". Vederlo così con le mani incrociate sulla pancia prominente, le dita piccole e ceree, e anche il volto innaturalmente livido, tutto potevo dire meno che stesse riposando. Quella era proprio la morte. Danilo non c'era più.

Mi aggiro nello spazio non vasto della sua stanza. Sul comò è posato l'orologio con il cinturino di metallo, attaccato con una catena da tasca a un mazzo di chiavi. Lo sollevo per sentirne il ticchettio, ma non batte. Intorno, sulle pareti, quadri di sante, palesemente oleografici. E qualche tela, dipinta da lui stesso.

Il letto a doppia piazza con testiera di ferro a pomelli, è perfettamente rifatto. Sul comodino (un pezzo in stile, come quasi tutto l'arredo) è appoggiata una minuta e graziosa cornice rotonda composta da una corona policroma di pietre dure. Contiene il ritratto fotografico di una donna giovanissima, la madre. Quando entrano altri visitatori mi sposto nello studiolo.

Pesanti e stracolme librerie color verde oliva occupano le pareti, volumi rari e importanti di repertori storici e visivi: la cultura pittorica di Danilo, così sapientemente impiegata – stravolgendo le regole – nel suo mestiere. Sul lato opposto, contro una seconda scaffalatura, il minuscolo tavolino da lavoro, uno scrittoio d'antiquariato in foggia stondata, a otto, così come lui l'ha lasciato: la grossa lente d'ingrandimento, gli occhiali, le medicine, un paio di forbici da redazione, il lume bianco snodato. Sul piano c'è un libro: *La Cupola di Brunelleschi*, di Ross King. Capitolo I – *Il 19 agosto del 1418*. La data, 1418, è riscritta a matita, in risalto, sul bordo bianco accanto al testo. Una lente più piccola, tra le pagine, funge da segnalibro.

Nel vano della finestra, a terra, pile di libri. In cima si distingue *Diario di un ladro* di Jean Genet (riferimento imprescindibile per il romanzo picaresco che Danilo stava imbastendo sul mondo romano dei ladri). Sul tavolino accanto, poco più di una base, prendono posto una pesante abat-jour di travertino a cappello quadrato écru, e un paio di volumi sovrapposti: un *Dizionario dei Proverbi* e il mio romanzo *Federico F.* con segnalibro a pagina 13, e un'ampia croce segnata a matita a fianco della descrizione del sogno premonitore di Fellini, nel punto preciso in cui viene detto: "Trovavo una lapide di marmo grigio, rettangolare, simile alle pietre tombali, e una fessura per la corrispondenza con sopra scritto: DISPERSO DEI DISPERSI".

Avevo ricevuto l'ultima sua telefonata, registrata in segreteria, più di una settimana prima, una domenica. Si dispiaceva che ci sentissimo così poco, dando la colpa a quel film – il *Pinocchio* di Benigni – che "lo

writing desk with rounded edges, just as he had left it: the large magnifying glass, a pair of glasses, some medicine, scissors, and a flexible white lamp. On the piano was a book: *Brunelleschi's Dome*, by Ross King. Chapter One – *19 August 1418*. The date 1418 was rewritten in pencil in the margin for emphasis. A small magnifying glass served as a bookmark.

Piles of books were all around, on the windowsill and on the floor. On top I noticed *Diary of a Thief*, by Jean Genet (an essential reference for the picaresque novel Danilo was concocting on the world of thieves in Rome).

On the nearby table, little more than a base really, were a heavy travertine bedside lamp with a square beige shade, and a couple of other books: a *Dictionary of Proverbs* and my own novel *Federico F.*, with a bookmark on page 13 and a large X penciled beside the description of Fellini's prophetic dream, precisely where it reads, "I found a grey marble stone, rectangular, like a tombstone, and a slit for correspondence. Written above was "MOST MISSING OF THE MISSING".

I had received Danilo's last phone call, recorded on my voicemail one Sunday more than a week before. He apologized for calling so seldom, blaming that film – Benigni's *Pinocchio* – that "was killing him," he said. "A brutal effort for nothing." He repeated that the organizer Mario Cotone, utterly seduced by his novel, would be summoning me soon to commission a script. It had been at least six months since we were supposed to have that meeting in Terni, that is in Papigno, in the studios where the film was being shot. After that, Danilo had come back to Rome on the Thursday, not feeling well. Besides, there was little left to do on the set as everything was already prepared for the two remaining sequences.

Bruno had come in to keep me company, but his attention was entirely focused on Danilo. Sitting on the edge of the bed, the way one does with a sick person, he ran his hand up and down Danilo's leg the whole time, as if it were a caress. Or he would pull his sleeve so it reached neatly down to his wrist. In general, he treated him with unchanged affection and intimacy, as if he were still alive, with that natural compassion of simple, genuine people. I understood the profound consolation that Danilo must have felt in providing dignity and well-being to his adopted, and only, family.

One of the girls, with her bulging stomach, looked in every now and then. "What month are you in?", I asked her. "The seventh." "Ah, you're moving along!" "Yes. Pretty soon he will be a grandfather." She nodded towards Bruno, smiling with that tender pleasure that women experience in such circumstances. Familiar words, always the same and yet as comforting as bread or sweets or Christmas lights. Bruno with two such grown-up daughters! How far he had come since acting in *Amarcord*; indeed it was the young Bruno who urinated in the paper telescope, leaving a pool at the base of the blackboard near the feet of the math teacher with her oversized, protruding breasts and crazy teeth.

He accepted the compliment sweetly and, always looking down, he remarked, "Did you see? He's left us," as if faced with the results of a whim. He explained that he had intended to have Danilo hospitalized for tests at the beginning of the next week, Monday or Tuesday, for his diabetes, high blood pressure, his foot with the danger of developing gangrene... He would have stayed a few weeks so that he would be in better shape for Christmas. In the last two days though he had been quite disheartened. He had trouble breathing, until he just stopped. Bruno told me that he had found him dead in the armchair. I asked if he had worked or taken notes in those last days and Bruno answered yes, he had written a bit.

Ever since Fellini died, and with him a conception of cinema that barely survives in Italy, Danilo sensed that there was little place for his work. Not that he was any less committed or defended his choices with any less animosity, but that it had all been reduced to an empty academic exercise.

stava ammazzando, – mi diceva – una fatica bestiale per nulla. Mi ribadiva che presto l'organizzatore Mario Cotone, letteralmente sedotto dal suo romanzo, mi avrebbe mandato a chiamare per commissionarmi la sceneggiatura. Erano almeno sei mesi che avrebbe dovuto aver luogo questo appuntamento a Terni, cioè a Papigno, nei teatri di posa in cui stavano girando il film. Danilo poi era rientrato a Roma già da giovedì, non si sentiva bene e ormai sul set c'era pochissimo da fare; per le due sequenze che rimanevano da girare era tutto pronto.

Bruno è entrato a tenermi compagnia, ma la sua attenzione era tutta rivolta a lui. Si era seduto sul bordo del letto, come si fa con un malato, e aveva continuato per tutto il tempo a passargli la mano su e giù per la gamba, come se lo accarezzasse. Oppure gli sistemava la manica della casacca perché scendesse meglio sul polso. Lo trattava con un affetto e un'intimità immutata, come se fosse vivo, con quella pietà naturale che possiedono solo le persone semplici, autentiche. Capivo quale profonda consolazione dovesse aver provato Danilo a regalare dignità e benessere a quella famiglia adottiva, l'unica che aveva. Una delle ragazze, con un gran pancione, ogni tanto si affacciava. "Che mese è?" Le ho chiesto. "Il settimo." "Sei avanti!" "Eh, sì, fra un po' diventa nonno". Accennava con la testa a Bruno, sorridendo, con quel tenero compiacimento che hanno le donne in tali occasioni. Frasi fatte, sempre le stesse, eppure confortanti come il pane, i dolci, le luci di Natale. Bruno con due figlie già così grandi! Quanta strada aveva percorso da quando recitava in *Amarcord* nella sequenza della scuola; era lui che orinava dentro il telescopio di fogli di carta creando una pozza sotto la lavagna, vicino ai piedi della professoressa di matematica con i seni gonfi, protesi e la dentatura da fiera.

Lui raccoglie il complimento con dolcezza e prosegue abbassando gli occhi: "Hai visto? Ci ha lasciato". Commenta come di fronte a una stravaganza. Poi continua a spiegarmi che aveva intenzione di far ricoverare Danilo all'inizio della settimana successiva, lunedì o martedì, per tutti gli accertamenti; il piede sempre a rischio di cancrena, il diabete, la pressione alta. Doveva rimanere in clinica un paio di settimane in modo da arrivare a Natale più in sesto. Negli ultimi due giorni era molto abbacchiato. Respirava a fatica. Fino a non respirare più. Mi dice che l'ha trovato morto in poltrona. Ho chiesto se in quei giorni aveva lavorato, preso appunti. Bruno ha risposto che qualcosa scriveva.

Da quando era scomparso Fellini, e con lui una concezione di cinema che in Italia stenta a sopravvivere, Danilo avvertiva che il suo lavoro non serviva più. Non che lo affrontasse con meno impegno o minore animosità nel difendere le proprie scelte, ma si era ridotto a un'accademia svuotata di sostanza.

Negli ultimi tempi s'era dedicato al film televisivo *Nanà* (prima o poi sarà necessario soffermarsi sulla genialità di quegli ambienti, di quei costumi!), e ai due film di Roberto Benigni, *La Vita è bella*, premio Oscar 1999, e *Pinocchio*, che costituirà l'ultimo lascito del suo ingegno.

Produzioni degne di lui e della sua concezione dell'arte scenica (se mai Donati abbia intimamente creduto che essa possa esistere davvero!) erano sempre meno frequenti, rare eccezioni. Che spazio poteva più rimanere per un art director che si ispirava a Monsù Desiderio?

Ricordo che stava preparando la Grand Opera *I Lombardi alla prima crociata* al teatro Carlo Felice di Genova; mentre a casa sua riguardavamo i bozzetti tracciati a matita grassa e carboncino, aveva tirato fuori il librone dagli scaffali. "Lo conosci?" Mi domandò aprendolo sotto i miei occhi. Sotto quell'unico nome di fantasia erano raccolte le composizioni pittoriche di due artisti lorenesi, attivi a Napoli nel Seicento, inventori di città fantastiche e irreali, di rovine romantiche, di architetture goticheggianti all'origine del 'capriccio' settecentesco.

Danilo conosceva a memoria ogni tavola, ogni particolare, ogni pennellata. E con la testa correva al *Pinocchio*; mi sembrò di captare cosa stesse cercando di far affiorare dalla favola, di cui pur apprezzando la grande metafora del burattino, non nascondeva il disprezzo per la mediocre, asfittica, morale leopoldina che gli è stata cucita addosso con italico tartufismo.

Danilo possedeva un'intelligenza geniale. Sfondava pareti inconsistenti, di carta velina, e al di là, come per magia, si dispiegava un intero mondo che stava aspettando soltanto il film.

Salò o le 120 giornate di Sodoma, Pier Paolo Pasolini 1975

Recently he had been working on *Nanà,* a film for TV (sooner or later the brilliance of those sets and costumes deserves greater praise!) and two films by Roberto Benigni, *Life is Beautiful*, winner of the Oscar in 1999, and *Pinocchio*, which will remain as the final legacy of his genius.

Productions truly worthy of him and his conception of the art of the stage (if Donati ever really believed in his heart that such a thing could exist!) were increasingly rare exceptions. What room could be left for an art director who was inspired by Monsù Desiderio? I remember when he was working on Verdi's opera *I Lombardi alla prima crociata* at the Carlo Felice Theatre in Genoa. Back home, we were looking over sketches he had made with thick pencil and charcoal when he pulled a large tome down from the shelf. "Do you know him?" he asked as he opened the book. Gathered under the banner of that invented name were the paintings of two different artists from Lorraine who had worked in Naples in the 1600s, inventors of fantastic, surreal cities, romantic ruins, and Gothic-like architectures, when the caprices of the seventeenth century were just beginning.

Danilo knew each painting by heart, each detail, each brushstroke. And his head flew to *Pinocchio*; at that moment I realized what he was reaching for in the fable; in fact, while he appreciated the great metaphor of the puppet, he did not hide his disdain for the mediocre, stifling moralism that was patched onto it with classic Italian hypocrisy.

Danilo was blessed with an extraordinary talent and mind. He would set up sheer tissue-paper walls and on the other side, like magic, deploy a whole world that was entirely and exclusively for the film.

Fellini's studio was the last great art workshop of Cinecittà. Virtually everyone knows that inside The-

Quella di Fellini è stata l'ultima grande bottega d'arte di Cinecittà. Quasi tutti ormai sanno che dietro il Teatro 16, in un capannone riscaldato d'inverno con una stufa panciuta che sembra uscita da un cartoon di Paperino, c'era l'atelier di Danilo Donati, l'art director più eterodosso, il costumista, lo scenografo di talento superiore. I film di Fellini nascevano anche in quella specie di antro degli elfi, tra gigantesche caldaie che ribollivano per colorare i tessuti. Pezze di stoffa che Danilo andava a comprare personalmente in Inghilterra o a Prato e non era raro vederlo rimestare con il mattarello nei brodi di tintura! In quel magazzino immenso, su vaste tavolate, Bruno Lenzi e altri assistenti costruivano i gioielli. Erano mucchi di granaglie, di pasta corta e da brodo, di ogni foggia, immerse nella porporina d'oro e ricomposti con la colla in diademi, orecchini, medaglioni, collier, pezzi unici di alta gioielleria. Non era stato Danilo Donati a costruire per un film avveniristico di John Huston, *Momo*, girato a Cinecittà, una galleria di barbarica decorazione usando i tappi a corona delle bibite in bottiglia?

Con *Fellini-Satyricon* era nata la sua prima collaborazione con il regista, l'invenzione di un'arcaicità 'fantascientifica' che stravolgeva radicalmente e per sempre la convenzione su una Roma antica da operetta, contrabbandata per verosimile dai tanti 'peplos' americani.
Per la sequenza del banchetto di Trimalcione, Federico aveva immaginato che dietro il triclinio dell'arricchito liberto campeggiasse un gigantesco ritratto a mosaico del suo volto. Un pomeriggio, a causa di un improvviso cambiamento nel piano di lavorazione, quella scena fu anticipata 'indispensabilmente' al giorno successivo precipitando nel panico l'intero reparto: come rimediare!?
Federico pretendeva a ogni costo che il faccione di Mario Romagnoli (il proprietario della trattoria Il Moro che egli aveva chiamato a interpretare l'anziano anfitrione), risaltasse vistosamente sulla parete. Non esisteva laboratorio specializzato in grado di far fronte in così poco tempo a una simile richiesta; i tecnici degli effetti speciali sarebbero stati in grado di provarci, ma dove reperire il materiale, quella gran quantità di tessere musive necessarie? L'organizzatore generale stava perdendo la testa. Danilo Donati concepì un'idea ardita: telefonò alla Perfetti di Milano ordinando un intero camion di caramelle Charms, di tutti i sapori, e quindi di tutti i colori disponibili. Le caramelle, scartate dal classico pacchetto a parallelepipedo, avevano la misura giusta e anche la provvidenziale trasparenza 'fotografica' delle tessere invetriate. Il reparto di scenografia si mise a testa bassa a lavorare tutta la notte per selezionare e incollare i quadratini zuccherosi e la mattina dopo il ritratto era pronto: Trimalcione, con le guance cascanti e le borse sotto gli occhi, appariva meravigliosamente raffigurato nella sala dei triclini. Un mosaico luccicante, più bello del vero.
Racconta Dario Zanelli, quasi *en passant*, nel libro che l'editrice Cappelli dedicò al *Satyricon*: "Oltre alle succulente portate dell'interminabile pranzo anche il grande ritratto a mosaico del padrone di casa, dominante una parete del triclinio, era commestibile: ma per una ragione squisitamente tecnica. A un certo momento infatti, Danilo Donati ha pensato di non poter trovare tessere più gaiamente colorate e brillanti, più confacenti al caso suo, che le piccole quadrate caramelle Charms, e dopo averne fatto un'adeguata provvista ha provveduto a comporre con esse il mosaico: nel suo genere, un'autentica opera d'arte".
Donati aveva studiato a Firenze, in accademia, sia affresco che mosaico. Era un pittore! Erano quelli gli effetti speciali che nessun manuale saprebbe mai insegnare. Nel film *Roma* c'è la sequenza della domus patrizia che viene scoperta durante gli scavi della metropolitana. Gli archeologi entrano da una breccia, penetrano nelle stanze affrescate rimanendo senza parole; ma l'aria che si infiltra insieme a loro crea il disastro: le figure che coprono le pareti all'improvviso si velano di bianco e svaniscono. Un'emozione potente, un sentimento di perdita irreparabile ottenuta con un trucco da poche lire eppure geniale: una resistenza elettrica dietro la parete che sviluppava crescente calore e un'abbondante dose di vinavil mischiata alle tempere della pittura. Quello era il cinema fatto "con carta, forbici e colla", diceva Fellini; cioè con le mani e con il cervello, senza bisogno di computer; illusionismo di prima scelta!
E io, beata ingenuità, un giorno avevo condotto Felli-

atre 16, in a warehouse heated in winter with a potbelly stove like something out of Donald Duck, was the workshop of Danilo Donati, the most unorthodox of art directors, the consummate costume and set designer. Fellini's films were also born in that sort of elves' grotto, among the gigantic boilers for dying the fabrics that Danilo himself went to buy in England or Prato. It was not unusual to see him stirring the dye soups with a rolling pin!

In that immense open space, on vast table surfaces, Bruno Lenzi and other assistants would construct the jewellery. There were endless piles of seeds and short and long pasta of every shape and kind immersed in the bronzing powders and then glued to create diadems, earrings, medallions, and necklaces – one-of-a-kind pieces of quality jewellery. After all, wasn't it Danilo Donati who built for John Huston's futuristic film, Momo, filmed in Cinecittà, an entire set with haunting primitive decoration using soft drink bottle caps?

Fellini's *Satyricon* had marked the beginning of Donati's collaboration with the director through the creation of a 'sci-fi' antiquity which radically and forever altered the frivolous conventions which so many American 'peplos' had adopted to pass their ancient Rome off as the real thing.

For the sequence on Trimalchio's banquet, Federico had envisaged a giant mosaic portrait of the parvenu freeman behind the *triclinium*. One afternoon, due to a sudden change in schedule, this scene was 'unavoidably' anticipated to the following day, sending waves of panic across the set design team. What could be done?

Federico insisted at all cost on having the face of Mario Romagnoli (the owner of the tavern Il Moro, cast in the role of the elderly host) garishly pictured on the wall. There was no specialized workshop that could meet a similar request in such a short time. The special effect technicians could do their best, but where to find the material, the large number of mosaic pieces required? The production coordinator was losing his head. Danilo Donati then came up with a daring idea: he phoned the company Perfetti in Milan and ordered a whole truckload of sweets called Charms, in all flavours and hence in all available colours. The sweets, once removed from their parallelepiped boxes, had the perfect size and 'photographic' transparency of glass mosaic pieces. The set design team worked all night to select and glue the small sugary squares. By the following morning, the portrait was ready: a glittering Trimalchio, with drooping cheeks and puffy eyes, wonderfully adorned the banquet hall – better than a real mosaic. Dario Zanelli somewhat casually remarks in the book which the publishing house Cappelli devoted to the *Satyricon*: "Along with the succulent dishes of the endless lunch, the large mosaic portrait of the host marking a wall of the banquet hall was also edible – but for strictly technical reasons. At a certain moment, Danilo Donati had realized that he could not find more colourful and sparkling mosaic pieces to suit his needs than those small, square Charm sweets: after stocking up on them, he used them to form the mosaic – a genuine artwork, in its own way."

Donati had studied both fresco and mosaic techniques at the fine arts academy in Florence. What a painter! No manual could teach such special effects. In the film *Roma* there is sequence devoted to the discovery of a patrician *domus* during some excavation work for the underground. Through a breach, the archaeologists enter into the frescoed rooms and are struck speechless; but the air which enters with them causes a disaster: the figures covering the wall suddenly become coated in white and vanish. This powerful emotion, this feeling of irreparable loss, was achieved with a cheap yet brilliant trick: increasing heat created by electric resistance behind the wall and a good measure of liquid glue mixed in with the tempera of the paintings. This was cinema made "with paper, scissors and glue", as Fellini used to say, that is with hands and brain, without the use of any computer – first class tricks of illusion!

One day, naive as I am, I took Fellini to visit a television studio, to show him the wonders of chroma key: simply the electronic application of the well-known blue-back technique that is used to change actors' backgrounds in films. Already De Sica and

ni in uno studio televisivo per mostrargli le gran meraviglie del croma-key: nient'altro che l'applicazione elettronica del ben noto blue-back cinematografico in grado di cambiare lo sfondo dietro l'azione degli attori. Già De Sica e Zavattini in *Miracolo a Milano* avevano fatto volare in cielo, a cavallo delle scope, Totò il Buono e tutto il suo seguito di barboni: "Ci basta una capanna/per vivere e dormir/ci basta un po' di terra/per vivere e morir..." Da quell'epoca lontana (1951) si sono visti molti film migliori o più poetici, nonostante i vertiginosi progressi della tecnica?

"Son portato a credere – affermava Fellini in un'intervista alla RAI – che meno sono i mezzi tecnici a disposizione e più viene stimolata, nel senso dell'espressione, la fantasia; e che il talento per esprimerla sia l'aspetto artigianale dell'autore."

L'arte rimane il desiderio irrefrenabile dell'uomo di rappresentarsi nel creato, si rinnova eternamente uguale attraverso i millenni, usando le forme dell'inganno e l'abilità della mani. Siamo artigiani a immagine e somiglianza di Dio.

Nacque tutto dal *Satyricon* poi arrivarono i capolavori degli anni settanta e ottanta, che nessuno sa quando l'Italia conoscerà di nuovo.

Per Fellini, è ben noto, al pari della scenografia, del trucco, delle luci, il costume era un connotato psicologico dei personaggi, prima ancora che storico. I caratteri dei suoi film nascevano così, 'scarabocchiati' sulla carta come avrebbe fatto un burattinaio nella baracchetta, una specie di teatralizzazione mentale che prendeva forma dalle sue fantasie per tramutarsi nelle Gelsomine, Cabirie, Sceicchi Bianchi, Anitone e Gradisce. Film dopo film. Una teoria nutritissima di tipologie immaginate e già vere. Fantasmi ormai indistruttibili nell'immaginario comune, così autonomi da uscire dallo schermo per abitare in quel singolare Carro di Tespi che seguiva docilmente il regista in ogni avventura.

I personaggi di Fellini non esigevano dunque abiti di scena, ma livree, come sono chiamati i piumaggi degli uccelli o i vestiti delle maschere; ognuno con la propria divisa, inconfondibile, per essere riconosciuti dagli occhi e dall'anima senza possibilità di errore. Ai costumisti era richiesto questo talento e Donati, con il proprio stile, è riuscito a trasformare idee e concetti in altrettanti portenti di visionarietà.

In tanti ricordano la sagoma del transatlantico Rex, che in *Amarcord* svapora sognante sul mare notturno di Rimini materializzato nella piscina di Cinecittà; o il faccione di Mussolini composto in un grande mosaico di petali di fiori; o l'incantata leggiadria di Magali Noël, discinta sul letto in sottoveste e baschetto rosso in testa, che offre le proprie grazie al Principe sussurrando: "Gradisca!".

E *Casanova*? È immaginabile, oggi, un'opera di tale intensità figurativa?

Al momento di iniziare la preparazione di *Barry Lyndon*, Stanley Kubrick prese contatti con Danilo Donati, il quale fu molto tentato dalla proposta ed ebbe anche vari colloqui preliminari con il regista americano; ma decise alla fine di restare accanto a Federico in procinto di partire con *Casanova*.

Il libertino veneziano che nel film possedeva le fattezze deformate ad arte di Donald Sutherland, si aggirava elegante in mezzo alla sua umanità prediletta, le dame addobbate in stupefacenti architetture sartoriali, di rara raffinatezza; erano quasi tangibili gli scintillii di Hogarth, la minuziosa fedeltà nei dettagli di Watteau, le geometrie di Guardi, del Canaletto. Il Settecento era lì, davanti a noi: racchiuso nello scrigno dell'*Histoire de ma vie* eppure impalpabilmente diverso. Lo spirito che aleggiava era ancora altro, un'epoca inventata; una laguna di ghiaccio in cui Giacomo Casanova, l'incontentabile Conte di Saingalt, danzava stringendo tra le braccia al suono di un carillon, la bambola meccanica, null'altro che un docile, inerte manichino femminile.

Non un'epoca dunque della Storia ma un paesaggio interiore che Donati ha saputo tradurre a livelli così suggestivi da conquistare l'Oscar, il premio più ambito della cinematografia mondiale; per la seconda volta, dopo il trionfo nel 1968 con *Romeo e Giulietta* di Franco Zeffirelli.

Venti anni prima di quella data era stato ospite nella casa del regista fiorentino, l'attico di via Tomacelli abitato anche da Piero Tosi dove, racconta Zeffirelli, Umberto Tirelli il futuro titolare della più rinomata sartoria di cinema e teatro, saliva "i centodieci gradini

Zavattini in *Miracle in Milan* had made Totò and his company of tramps fly up in the air on broomstick: "All we need is a hut/to live and sleep in/all we need is a little land/to live and die on...". Since that remote era (1951) have we seen many better or more poetic films, despite the breathtaking technological advancements?

"I am inclined to believe" – Fellini stated in a RAI interview – "that the fewer technological means available, the more the imagination is stimulated, in terms of expression; and that the talent to express it reflects the director's role as a craftsman."

Art, as man's irrepressible desire to represent himself within creation, eternally renews itself throughout the millennia while always remaining itself, by drawing upon all the various forms of illusion and manual skill. We are craftsmen in the likeness and image of God.

Satyricon was the beginning of it all. Then came the masterpieces of the 1970s and 1980s, and no one knows when Italy will witness similar films again.

As with set designs, make-up and lighting, costumes for Fellini represented not just a historical feature, but a psychological trait of his characters. His films would first be "jotted down" on paper through a mental process of theatrical representation – reminiscent of a puppet-master's work – that would take shape in his imagination and give rise to the various Gelsominas, Cabirias, White Sheiks, Anitonas and Gradiscas. Film after film, a whole series of fanciful human types sprang to life: what have become irremovable phantasms in people's imagination – so independent from their creator that they left the screen to join that unique Carro di Trespi company, who meekly followed the director on every adventure.

Fellini's characters, then, required not stage costumes but stage 'plumages', as masked costumes are referred to. Each has his own distinctive uniform, which makes him unmistakable in the eyes and soul of the viewer. This talent was expected of all costume designers: with his own style, Donati succeeded in turning ideas and concepts into as many visionary achievements.

Many people remember the ocean liner Rex, which in *Amarcord* dreamily steams off across the night sea of Rimini, reconstructed through a pool in Cinecittà; or Mussolini's face in the form of a large composition of flower petals; or Magali Noël's charming gracefulness, as she lies on a bed in her petticoat, with a red bonnet on her head, offering her charms to the Prince at the whisper of "Gradisca!".

And what about *Casanova*? Would such an intensely figurative work even be conceivable today?

When he started working on *Barry Lyndon*, Stanley Kubrick got in touch with Danilo Donati, who found the offer most tempting and even held a few preliminary meetings with the American director. In the end, however, he chose to stay with Fellini, who was about to set off with *Casanova*.

The Venetian libertine who in the film is given the – carefully touched-up – features of Donald Sutherland, elegantly mixes with his favourite kind of people: ladies bedecked with stunning, exquisitely refined architectures of fabric. One can almost sense here Hogarth's sparkle, Watteau's painstaking attention to detail, Guardi and Canaletto's geometries. The 18th century is brought back to life before our eyes: enclosed within the trove of the *Histoire de ma vie*, yet imperceptibly different. For the spirit suffusing the film is in fact that of a fanciful age: a lagoon of ice in which Giacomo Casanova, the irrepressible Count of Seingalt, dances in an embrace at the sound of a musical box, a mechanical doll – nothing but a docile, inert female mannequin.

What Donati expressed, then, was not a historical age, but an inner landscape; and he did so at such evocative levels that it earned him an Academy Award, the most highly sought-for prize in world cinema – his second one, after the triumph of Franco Zeffirelli's *Romeo and Juliet* in 1968.

Twenty years before that date, Donati had been received as a guest in the Florentine director's home, the attic flat in Via Tomacelli where Piero Tosi had also lived, according to Zeffirelli. Umberto Tirelli, who was to become the owner of the top tailoring company in the cinema and theatrical world, would make his way up "the hundred and ten steps to go and greet his friend Danilo". Both belonged to the "contingent from Romagna"; the narrator adds:

per arrivare a salutare il suo amico Danilo". Entrambi appartenenti al 'contingente romagnolo,' e aggiunge il narratore: "Il nostro era un labirinto di stanze e soffitte, roventi d'estate e gelide d'inverno. Ma che importava? Avevamo una terrazza che volava sui tetti! Man mano che si guadagnava qualcosa, la si riempiva di piante e di fiori". E di tanti ospiti: "Il gioco del sesso, con le sue tante variazioni (ma sono poi davvero tante? Non ne son così sicuro), non era certo fuori legge lassù da noi. Bella gente, giovane, piena di vita." Un corteo scintillante di "bellone e belline, qualche 'bono' di passaggio, studenti e studentelli, marinai di Piombino" e giovanissime soprano ancora un po' ingessate.

Quante volte ho ascoltato questi racconti, e altri, dalla viva voce di Danilo Donati ("un genio che aveva brillato fin da quando era giovanissimo", testimonia di lui il regista), divenuto a fianco di Fellini (con *Satyricon*, *I clown*, *Roma*, *Amarcord*, *Casanova*, *Ginger e Fred*, *Intervista*) l'art director più ammirato e vezzeggiato.

Raccontava di lui Piero Tosi, prima recluta nel gruppo dei 'fiorentini', l'amico/ rivale di Donati: "Con Danilo abbiamo percorso quasi lo stesso tragitto, l'Istituto d'Arte, poi l'Accademia... Ma lui aveva avuto un'infanzia diversa dalla mia, veniva da Suzzara, i suoi stavano bene, sua madre lo adorava e faceva in modo che non gli mancassero mai i soldi. A Firenze poteva permettersi una pensione quasi di lusso, la Pensione Bandini in Piazza Santo Spirito, dove alloggiavano molti ospiti stranieri, in genere più facoltosi degli italiani. La pensione si trovava in un palazzo importante, un edificio cinquecentesco, aristocratico, dotato di un loggiato che correva lungo la facciata e i lati minori, sul quale si affacciavano, appunto, le camere. Spesso la notte indugiavamo a parlare sotto quel loggiato, seduti per terra, con la schiena appoggiata al muro, a far tardi. Momenti di assoluta felicità, irripetibili. Il coprifuoco, proprio lo stesso raccontato da Danilo nel suo romanzo, teneva la città al buio, e una notte, all'improvviso, nel chiarore argentato della luna piena, la strada si era riempita di trilli ed era apparso uno sciame di mandolini. "Un angolo di Paradiso", la conosci? Passava la Pippolese, un'intera orchestra di sessanta mandolini che suonavano tutti insieme Un angolo di paradiso: era come se ti invadessero l'anima".

Danilo aveva quindi iniziato la sua professione come oscuro assistente di Lila De Nobili e di Maria De Matteis, addestrando un occhio infallibile alla severa scuola del Teatro alla Scala per gli allestimenti di quel dio padrone incontrastato delle scene che aveva nome Luchino Visconti. Precisione, esattezza, instancabilità, disciplina ferrea, l'apprendimento di bottega: colori, tessuti, tagli, rifiniture, l'ultimo dei particolari, il più insignificante dei dettagli, ottenuti come il risultato di una manualità imprescindibile e la devozione verso un precetto assoluto.

Donati era al corrente di ogni più segreto pettegolezzo sul conte; mi confidava che Luchino era stato concepito fuori del matrimonio dalla madre Carla, figlia di Carlo Erba il potente industriale farmaceutico, il quale aveva iniziato la sua fortuna spingendo un carrettino per le consegne nelle farmacie di Milano e da lì aveva costruito la spropositata ricchezza. Un po' come il vecchio Angelo Rizzoli che era stato un trovatello ospite dei Martinitt.

Danilo, si è detto, era di Suzzara, tra Parma e Mantova, da dove era fuggito poco più che ragazzo forse per non scontare troppo pesantemente, in un piccolo centro, la propria omosessualità. Era incalzato dall'inquietudine di una condizione personale alla quale non avrebbe saputo sottrarsi e da una confusa urgenza del talento. Voleva dipingere e a Firenze, dopo l'accademia, era stato alla scuola di Ottone Rosai, altro 'irregolare' di gran genio che teneva studio in via San Leonardo. Danilo ammetteva di dovergli tutto, probabilmente anche una sorta di 'seconda nascita'. Siamo stati alcune volte insieme a Firenze, per sopralluoghi, e camminando a piedi mi mostrava gli angoli della città vista ancora attraverso gli occhi del Maestro, inquadrando in tele immaginarie – o possibili sfondi cinematografici – tagli di luce, fughe di muri, scorci di case e di strade, che nella 'composizione' delle sue parole acquisivano la luminosa fissità di altrettanti dipinti. Su Rosai aveva scritto anche un racconto, ambientato in un'osteria dove andavano qualche volta a pranzare insieme. C'era scarsità di cibo nell'immediato Dopoguerra e la padrona, con fantasia tutta italiana, si ingegnava di servire il 'pesciovo', cioè una sorta di omelette plasmata a illusione di un pesce. Lo stesso 'ovo di pesce' di cui parla Pontormo nel suo diario:

"Ours was a maze of rooms and attics – boiling in summer and freezing in winter. But what did it matter? We had a terrace which soared over the rooftops! As we earned some money, we filled it with plants and flowers." And many guests too: "The game of sex, with its many variations – but are there really all that many? I'm not quite sure – was certainly not out of bounds up there. Nice young people, full of life." It was a sparkling train of "cuties and stunning gals, a few passing 'hunks', students of various ages, and sailors from Piombino" – as well as very young and still rather stiff sopranos.

How often have I heard these tales, and others too, from the ringing voice of Danilo Donati ("a genius who shone right from his youth", as the director observes). At Fellini's side (with *Satyricon*, *The Clowns*, *Roma*, *Amarcord*, *Casanova*, *Ginger and Fred*, *Interview*) he became the most highly admired and courted of art directors.

Piero Tosi, the first recruit from the 'Florentine' group and Donati's friend/rival, recalls: "Danilo and I have largely shared the same path: art school, then the academy... But his childhood had been different from mine. He came from Suzzara, his parents were well off, his mother adored him and made sure that he was never in need of money. In Florence he could afford an almost luxury hotel, the Pensione Bandini in Piazza Santo Spirito, where many foreign visitors used to stay – as they were usually wealthier than Italian visitors. The hotel was located in an important palace, a 16th-century aristocratic building with a loggia onto which the rooms opened that skirted its façade and shorter sides. At night we would often stop and chat in the loggia until late, sitting on the floor with our backs against the wall. Unique moments of absolute bliss. The curfew, which Danilo describes in his novel, kept the city in the dark. One night, under the silvery light of the full moon, the street filled with trills and a swarm of mandolins appeared. *Un angolo di Paradiso* (*A Corner of Heaven*): do you know it? The Pippolese orchestra was filing by, a whole orchestra of sixty mandolins, all playing *Un angolo di paradiso*: the music filled our soul."

Danilo had begun his career as an inconspicuous assistant to Lila De Nobili and Maria De Matteis, developing a keen eye at the strict school of the Scala Theatre by creating set designs for that undisputed overlord of the stage who went by the name of Luchino Visconti. Precision, accuracy, tirelessness and an iron discipline were the stuff of Donati's apprenticeship: colours, fabrics, cuts and finishes, down to the smallest and most insignificant detail, invariably reflected his crucial manual skill and respect of absolute principles.

Donati was in on the most secret gossip regarding the count: he revealed to me that Luchino had been conceived out of wedlock by his mother Carla, the daughter of the powerful pharmaceutical industrialist Carlo Erba who, before making his enormous fortune, had been a delivery boy for chemists in Milan – in a way like the old Angelo Rizzoli, who had grown up as a foundling in the Martinitt orphanage.

Danilo, then, came from Suzzara, between Parma and Mantua. He had fled the town as a young man in order to avoid paying too harsh a price for his homosexuality. He was driven by a sense of restlessness connected to the personal condition he could not escape, and by a confused eagerness to express his talent. He wished to become a painter: in Florence, after graduating from the local academy, he studied under Ottone Rosai, another brilliant 'irregular' who had a studio in Via San Leonardo. Danilo readily acknowledged that he owed everything to Rosai – probably a kind of 'second birth' as well. The two of us had the chance to travel to Florence together on a few occasions, for some surveys; and as we walked, Danilo would show me the city through the eyes of his master: he would frame light rays, the lines of walls and glimpses of houses and streets as though they were imaginary canvases – or perhaps film sets – giving them, through his words, the luminous fixity of paintings. Danilo had also written a short story about Rosai, set in the tavern where they used to have lunch together. In the immediate aftermath of the War there was a scarcity of food, so with distinctly Italian creativeness the woman who ran the place would serve her guests 'pesciovo' ('egg-fish'): an omelette shaped as a fish. This is the same 'ovo di pesce' ('fish egg') which Pontormo talks about

l'uovo gettato in padella che, una volta rivoltato su se stesso, assume quella tipica forma allungata. La cucina povera che si condisce di fantasia.
Il Maestro, consumando quel pasto frugale, parlava e intanto tracciava disegni a carboncino sulla carta paglia della tavola, svelando all'allievo i segreti del proprio mestiere. Quell'arte che Donati pensò per tutta la vita di aver tradito dedicandosi al teatro e al cinema, malgrado i riconoscimenti – a cominciare dai premi Oscar – che lo collocavano sul podio più prestigioso del mondo dello spettacolo. Le tele che dipingeva, Danilo le mostrava a fatica e assai di rado, a causa di quel pudore ferito. Al pubblico regalava i suoi quadri virtuali, le composizioni che arricchivano le riprese di registi chiamati Pasolini, Zeffirelli, Fellini.

Quando Danilo è scomparso, quel 2 dicembre del 2001, mi venne naturale osservare che scomparire era la sua specialità. Quante volte era accaduto che abbandonasse il set, e vai poi a ripescarlo: Danilo, Daniluccio, telefonate, letterine, appostamenti, ma di lui non si sapeva più nulla, per giorni, a volte intere settimane. Con i registi, Fellini in primo luogo, litigate come tra coniugi che si giurano eterno odio e poi li ritrovi a confabulare quando meno te lo aspetti.
Negli ultimi anni Donati avvertiva la fatica del set, uno sforzo che ogni volta gli pareva insormontabile, impossibile da tollerare un solo minuto di più.
Danilo avrebbe voluto fare il pittore, seguire le orme di Ottone Rosai che l'aveva iniziato al gusto, mettere a frutto gli insegnamenti dell'Accademia, dove aveva appreso la tecnica dell'affresco; e affermava senza esitazioni che il cinema non gli piaceva, non l'aveva mai amato. Nel mestiere dello spettacolo era stato catapultato a caso, "per via di un impiccato", un infelice assistente che lui era stato chiamato a sostituire da un'ora all'altra. "Quando si dice che l'impiccato porta fortuna", aggiungeva sardonico. E di fortuna gliene aveva portata davvero, comprese le due statuine dell'Oscar che pure disdegnava con una spalluccia di insofferenza: "Se ti cadono su un piede ti fanno pure male." Quel suo piede cagionevole, che stava per essergli amputato a causa del diabete, ma che al Policlinico Gemelli erano riusciti a recuperare respingendo la cancrena millimetro dopo millimetro, con la tenacia di una guerra di trincea e la "perizia chirurgica – commentava Fellini – da medici da fantascienza, ingegneri di una stazione orbitale".
Così Danilo aveva potuto continuare a trascinarsi sui set a dispetto di se stesso, contro se stesso, brontolando che era costretto per guadagnarsi da vivere, ma che non gliene importava niente; tanto il film è solo un gran guazzabuglio dove ci vuole un miracolo perché riesca bene, e alla fine si vede soltanto la millesima parte dello sforzo e della fatica che ha comportato, ed è giusto che sia così, perché il pubblico vuole vivere un sogno e di ciò che c'è dietro meno sa e meglio è. Per questa ragione preferiva starsene nell'ombra, non voleva riflettori addosso, buoni per gli attori, per il regista, non per lui. I quadri – pochi e sorprendenti – che aveva dipinto, se li teneva appesi a casa sua, o in soffitta, e non aveva mai accettato di metterli in mostra.
Quanto ai costumi, da Lila De Nobili e da Maria De Matteis aveva assorbito alla Scala ogni goccia di nettare di cui aveva bisogno, non solo dal lato tecnico ed esecutivo, ma ancor più sul piano della libertà creativa, impervia, che rappresentava la vera dimensione alchemica. La sartoria era la sua cella, trasformata anche visivamente nella spelonca dello stregone dalla presenza delle grosse pentole fumiganti in cui venivano messi a bollire i tessuti insieme alle polveri coloranti. Rivedo ancora a Cinecittà, Danilo già maturo e famoso, curare di persona i bagni di tintura e poi le stoffe stese ad asciugare sulle cavalle. Da quel laboratorio usciva l'impensabile: i manichini avanzavano in processione, sgargianti di acconciature fastose, avvolti in manti regali, panneggiati in abiti sontuosi e irreali, che Danilo schizzava con mano lieve prima di tagliare di propria mano alla forbice, passando il lavoro di cucito allo sciame di sarte del suo reparto. Si divertiva nelle sue alchimie a ricreare la Storia. E ne sortivano i fantasiosi capolavori di *Fellini Satyricon*, di *Edipo re*, di *Casanova*, del *Fiore delle mille e una notte*, di *Fratello Sole Sorella Luna*. Invenzioni figurative che sarebbe stato impossibile concepire senza il suo talento, e che hanno radicalmente sovvertito la qualità visiva del cinema italiano, proiettandolo a vette di fantapoesia che nessun effetto speciale riuscirà mai a eguagliare.

in his diary: an egg that, once folded in a pan, takes the typical elongated shape of a fish. The cuisine of the poor is garnished with imagination.

Enjoying his frugal meal, the master would talk and draw charcoal sketches on the straw tablecloth, showing his pupil the secrets of his craft. Throughout his life, Donati felt that he had betrayed this art by turning to the theatre and cinema, despite the acknowledgements – starting from the Academy Awards – which placed him on the topmost podium in the world of entertainment. Danilo was loathe to showing his paintings and would do so only very rarely, because of this sense of shame that haunted him. He would give the public his virtual paintings instead: the compositions which enriched the cinematography of art directors the likes of Pasolini, Zeffirelli and Fellini.

When Danilo left us, on 2 December 2001, I couldn't help thinking that leaving was his specialty. All those times he had walked off the set, and then you'd have to go and look for him: Danilo, Daniluccio, phone calls, notes, searches, but there would be no trace of him, for days, sometimes for whole weeks. With his directors, especially Fellini, there were fights like a married couple who have sworn eternal hatred, then you would see them confabulating when you least expected it.

In the last few years of his life he found life on set exhausting, it was like a massive effort, almost impossible to carry on for a minute longer.

Danilo would have liked to be a painter, to follow in the footsteps of his maestro Ottone Rosai, and to put to good use the teachings of the Academy, where he had learnt fresco techniques. And he was happy to admit that he didn't like the cinema, that he had never really liked it. He had ended up in the film industry by chance, "because of someone who had hanged himself", an unhappy assistant he had been asked to replace at a moment's notice. "And they say that people who hang themselves bring good luck," he would add sardonically. This poor man really had brought him good luck, including the two Oscar statuettes that he referred to with a disdainful shrug: "If you drop one on your foot it hurts like hell!" That unhealthy foot which was about to be amputated because of his diabetes, before they managed to save it at the Policlinico Gemelli, fighting the gangrene back a fraction of an inch at a time, with the tenacity of trench warfare and, as Fellini put it, the "surgical skill of science-fiction doctors or space-station engineers".

And so Danilo had been able to continue to drag himself onto the set, against his will, moaning that he was forced to do it to earn a living, but that he really didn't care: because the film was just one huge mess, it would take a miracle to sort it out, and in the end you can only see a tiny fraction of the hard work that has gone into it, and that's the way it should be, because the audience wants to live a dream, and the less they know about what's behind it the better it is. For this reason he preferred to stay in the background, to avoid the limelight, which was okay for the actors and for the director, but not for him. He had always kept his paintings – there were not many of them, but they were amazingly good – on the walls at his home, or in the attic, and had always refused to show them.

As for the costumes, he had absorbed every drop of nectar he needed from Lila De Nobili and Maria De Matteis at the Scala, not only from a technical point of view, but above all in terms of the creative freedom that represents the true element of alchemy. The dressmaking workshop was his cell, he had turned it into a sort of wizard's cave, with huge, smoking pots where the fabrics were boiled with the dyes. I can still see him at Cinecittà, already famous, doing everything himself, preparing the dye baths and then hanging the cloths to dry on the racks. All sorts of unbelievable things came out of that workshop: a procession of mannequins, with brightly coloured headdress, wrapped in regal cloaks, draped in fantastic, sumptuous robes, which Danilo sketched with light strokes before doing the cutting himself, handing the work over to be sewed by the swarm of dressmakers in his department. He loved using his imagination to recreate History. And the result was the stunning masterpieces made for *Fellini Satyricon*, *Oedipus Rex*, *Casanova*, *Arabian Nights*, and *Brother Sun, Sister Moon*. Figurative inventions that would have been impossible to create without his

Danilo scompariva e poi riappariva, come suo solito. Sbollita l'arrabbiatura, era capace di imbandire cene da corte rinascimentale, dosando meticolosamente ai fornelli, lui e lui soltanto, ogni ingrediente. Non diversamente che sul set, dove non gli sfuggiva un colore tirato appena una sfumatura di troppo, in più o in meno, una frangia mal cucita, una decorazione impercettibilmente fuori posto, e non c'era persona al mondo che potesse farlo deflettere, intransigente, coriaceo, scontroso, come solo un grande artista sa essere.

Dell'artista aveva assunto, ultimamente, perfino la postura massiccia, seduto come un totem in mezzo alle costruzioni col basco in testa, il cappottone, lo sguardo velato che pur non gli impediva di controllare ogni dettaglio; possedeva la gravezza, anche fisica, di certi poeti che inavvertibilmente, giorno dopo giorno, sembrano coincidere con la propria essenza psichica, monolitica.

Danilo si è come trasfigurato nelle sue opere, i clown severi, i clown bianchi dal volto di biacca, a cui aveva donato nel film di Fellini eterna e inarrivabile magnificenza. "Sai quando mi manca Danilo? – dice Piero Tosi; – Quando rivedo *I clown*. Quello che ha saputo inventare e realizzare per *I clown* è irraggiungibile, poesia allo stato puro. Allora vorrei alzare il telefono, dirglielo, esaltarlo; gradiva i miei elogi, e io ero così contento di poterglieli offrire, trasferirgli la mia emozione!"

Un anno prima di morire Danilo volle assistere in compagnia di pochissimi amici alla proiezione di *Satyricon* organizzata dal Centro sperimentale. Non lo rivedeva dal '68, e a fine visione, con le pupille lustre, aveva commentato: "Ma abbiamo fatto noi tutta quella roba?" Quasi non credeva ai tuoi occhi, si stupiva di trovarsi di fronte a una simile impresa. Affrontata, al suo solito, senza troppa consapevolezza, a testa bassa, corrucciato, quasi a dispetto di se stesso. Prodigando il suo talento senza gioia, prendendosela anzi con quella ennesima sgobbata priva di senso: nato per donare, come recita anche il suo nome.

Come ogni autentico trasformatore della materia, Donati era anche un cuoco provetto. Sosteneva, anzi, che per mettere in scena un'epoca è indispensabile conoscerne le abitudini alimentari, il cibo, i sapori. Per entrare nello spirito del *Satyricon* si era servito del *ricettario di Apicio*, che teneva costantemente accanto a sé e consultava scrupolosamente.

Durante la lavorazione dei film, nelle pause, ispirato dall'estro, usava i fuochi dell'atelier come fornelli. A volte sui tavoli di sartoria tirava la sfoglia, che sorgeva dalle sue mani come il più affascinante dei pleniluni, un immenso disco di argento dorato così sottile che era quasi possibile guardarci attraverso. Solo allora la pasta era pronta per essere avvolta su se stessa e affettata in nidi di tagliatelle da srotolare e calare nell'acqua bollente. A Roma si chiamano fettuccine, e sono più consistenti, più spesse da masticare riempiendosene la bocca. Non più che una onesta parentela con le tagliatelle emiliane, il cui spessore deve essere quello di un velo da sposa e, ben intrise di ragù, disfarsi tra lingua e palato con viziosa cedevolezza, l'ultimo sospiro di un sensuale dissolvimento.

A Roma erano insuperabili quelle di Giuseppe, il cuoco della leggendaria Cesarina, la quale dopo aver lasciato il rinomato ristorante di via Piemonte, aveva riaperto un localetto appartato, di gran garbo, in via Brunetti, a due passi dall'abitazione di Fellini. Per Federico era diventata una *dependance* di casa, gli bastava attraversare via del Corso ed era a tavola. Ci portava gli amici, i collaboratori più stretti, le celebrità che passavano a trovarlo. Era apparso una sera anche il regista di colore Spike Lee, con gli occhi dilatati di piacere e in mano il manifesto di *8 ½* che aveva scovato in un mercatino di Parigi; desiderava che Fellini vi lasciasse la propria firma.

In quell'angolo di alta cucina consumava volentieri i suoi pasti Vittorio Gassman che abitava poco più avanti nella breve stradina e, per quanto anziano e in lotta con la depressione, già entrando irradiava nel locale una luce prodigiosa di eleganza principesca, ancora più mentale che fisica. L'ultimo Gassman, con la magrezza dell'hidalgo, un allampanato Don Chisciotte con dentro gli occhi il dolore del mondo: come lo rivediamo e ascoltiamo rapiti nella sua estrema performance, mentre declama il Poema di Dante nell'abbraccio del colonnato di Sabbioneta.

Anche Danilo si recava spesso in via Brunetti, asseverando con la propria presenza l'eccellenza della messa in tavola. I tortellini, serviti in brodo, erano un concerto ineffabile di sapori. I ravioli di zucca

talent, and which radically changed the appearance of Italian cinema, reaching heights of poetic fantasy that no special effects will ever manage to equal.

Danilo would disappear and then suddenly reappear, this was his way. When his fury died down, he would sometimes prepare dinners worthy of a Renaissance court, carefully measuring out all the ingredients on his own, not wanting any help. Not unlike on the set, where nothing ever escaped him: a colour slightly the wrong shade, a fringe cut badly, a decoration almost imperceptibly out of place, and no-one at all could change his mind, for he was unbending, tough, and intractable, as only great artists can be.

In the last few years he had even assumed the heavy posture of the artist, sitting like a totem in the middle of his constructions wearing his beret and his overcoat. His eyes were misty, but he would still never miss a detail. He had the physical gravity of certain poets who, as time goes by, seem to embody more and more their monolithic psychic essence.

There is something of Danilo himself in his works. The stern clowns, the white clowns, which he gave a sort of eternal, unmatchable magnificence in Fellini's film. "You know when I miss Danilo?" says Piero Tosi; "When I watch *The Clowns*. What he designed and created for *The Clowns* is unparalleled, pure poetry. I would like to be able to pick up the phone and tell him how good he is. He liked hearing praise from me, and I was happy to give it, to let him know what I felt!"

One year before his death Danilo decided to go with a few friends to a showing of *Satyricon* organized by the *Centro sperimentale*. He hadn't seen it since 1968, and at the end of the film, his eyes bright, he remarked: "Did we really do all that?" He could hardly believe his eyes, he was amazed by the vision of this incredible undertaking. An undertaking faced, as always, almost unawares, head down and sullen. Lavishing his gifts joylessly, lamenting yet more senseless labour. Born to donate, as his name itself suggests.

Like every true transformer of material, Donati was also a skilled cook. In fact he claimed that to be able to recreate an era you have to know its eating habits, its foods and its tastes. In order to enter into the spirit of *Satyricon* he used *De Re Coquinaria*, the Roman cookbook written by Apicius, which he kept with him all the time and consulted scrupulously. During pauses in shooting, he would sometimes use the fires in the atelier as cooking flames. On the tables in the workshop he would roll out the pastry, which rose from his hands like a great full moon, an immense disc of gilt silver so thin that you could almost see through it. Only then was the dough ready to be folded and chopped into nests of tagliatelle to unravel and lower into the boiling water. In Rome they are called fettuccine, and they are more substantial, thicker, to be chewed in mouthfuls. No more than a distant relation of Emilian tagliatelle, which must be no thicker than a bride's veil and, soaked in ragù, melt softly between the tongue and the palate, the last sigh of a sensual dissolving.

In Rome the best tagliatelle were made by Giuseppe, the chef at the legendary trattoria Cesarina, who after leaving the famous restaurant in Via Piemonte had opened a small place, discreet and elegant, in Via Brunetti, very close to Fellini's house. For Federico it had become a second home, all he had to do was cross Via del Corso and he was there. He used to take his friends, his closest collaborators, and the stars who came to visit him. One evening he turned up with the director Spike Lee who, eyes bright with joy, asked Fellini to sign a poster of *8 ½* that he had found in a street market in Paris.

That haven of haute cuisine was also frequented by Vittorio Gassman, who lived just along the street and who, even though he was now old and struggling with depression, lit up the room as he came in with a sort of princely elegance, more mental than physical. In the last months of his life Gassman was as thin as a hidalgo, a gangling Don Quixote with the grief of the world in his eyes: as we see and hear him in his final performance, a recital of Dante's *Divine Comedy* at the Teatro Olimpico in Sabbioneta.

Danilo, too, would often eat in Via Brunetti, his presence proof of the excellence of the food. The tortellini, served in broth, were an indescribable concert of flavours. The pumpkin ravioli went beyond all expectations. And then the lasagna – the lasagna!

superavano ogni aspettativa. Ma le lasagne – le lasagne! – davvero un'esperienza mistica; richiedevano una pausa di concentrazione per delibarne la raffinatezza da mensa degli dei. Eppure Donati non era da meno. Nella sua casa alle Murelle, vicino Todi, capitava che con la buona stagione, e a film concluso, invitasse la brigata degli amici e cucinasse per loro, rigorosamente da solo, dalla prima all'ultima portata. Erano cene sontuose e ricercate che parlavano una lingua ormai sconosciuta. In una di esse Federico s'era fatto precedere, a sorpresa, da un dono da granduca, un pianoforte bianco a mezza coda, nuovo di zecca, che potesse essere suonato dopo cena, al chiarore della luna. E sul quale appoggiò le sue mani il magico Nino Rota.

Ma sono davvero avvenute queste cose? C'è stata una stagione adatta a ospitarle? Sembrerebbe di sì, benché ormai a nessuno importi molto. In Umbria, con esemplare noncuranza, l'amministrazione locale si è lasciata sfuggire l'occasione unica di trasformare il casale delle Murelle in un museo in cui raccogliere tutti i dipinti, i bozzetti, i cimeli, gli scritti, i premi, la stripante biblioteca di Danilo Donati. Il luogo ideale per allestire un centro studi di arti scenografiche, di ricerca, di sperimentazione, di stage, di incontri internazionali, di laboratorio permanente. Salvare la memoria preziosa di un artista tra i più grandi del cinema italiano che in quella terra prediletta ha anche stabilito di voler riposare per sempre.

È facile prevedere che nella mostra il capitolo dedicato a Fellini, si presta al più immediato coinvolgimento per visionarietà, estro, impatto figurativo.
Una sequenza come il celebre 'défilé ecclesiastico' del film *Roma* (1972), non teme confronti di fantasia col suo corteo di cappe e tiare dalle mille stupefacenti soluzioni sartoriali. La leggendaria parata di abiti talari che culmina nei paramenti cardinalizi di sfrenato esibizionismo, accesi perfino di lampadine colorate come schermi di flipper, si conclude con il minaccioso svolazzare di veli neri del carro della morte, puro teatro della creatività. È emozionante scoprire da vicino il sapiente impiego dei materiali più impensati, vere sculture di stoffa per un potere misterioso e trionfante; percepire di persona a quale altezza di eccesso barocco, di inganno imaginifico, possa spingersi la sartorialità cinematografica.

Con *Casanova* si ripercorre forse la più originale rivisitazione del Settecento, con espliciti rimandi alla pittura nelle coreografie dei balletti figurati, nelle pantomime (la *Mantide di Du Bois*), negli arredi di scena risolti con trovate estemporanee da sublimi artigiani: il merletto della gigantesca tovaglia che figura nell'Atelier di Anna Maria, è un effetto ottenuto tagliuzzando 'ad arte' la tela con comuni forbicine da unghie.

E cosa dire dei bizzarri, fantasiosi, aristocratici, costumi dei clown bianchi, eseguiti a memoria per il film sul circo? O dello show televisivo di "Ginger e Fred" dove l'art director ritorna, con compiaciuto divertimento, alle Canzonissime del sabato sera da lui curate all'inizio della carriera, con infallibile senso dello spettacolo popolare?

Non c'è epoca che Danilo non abbia sperimentato sul set. Con *La ricotta* il genere del film storico diviene l'oggetto stesso della messa in scena. Con il *Vangelo secondo Matteo* l'oleografia è annullata dalla mistica barbaricità. *Edipo re* stravolge la visione della Grecia arcaica. Nella Trilogia della Vita uno sguardo di pura invenzione ripercorre credibilmente tanto il Medioevo (Boccaccio, Chaucer) che la mitica Persia delle *Mille e una notte*. Il mondo rinascimentale, shakespeariano ritorna enfatizzato attraverso un esibito sfarzo figurativo, velluti e broccati che il costumista ha rimodellato con le proprie mani pur di riuscire a tradurre sullo schermo lo spessore percettibile, l'impressione quasi tattile di alcuni particolari tessuti d'epoca. La mente corre alla *Bisbetica domata*; ma anche, con non minore dovizia, al Trecento e al Quattrocento di *Fratello Sole* e di *Romeo and Juliet*.

Con *Caterina di Russia*, depravata quanto geniale regnante, centinaia di bozzetti dipinti a mano rievocano la Russia feroce e faraonica del Settecento, traboccante di passione, di trame d'alcova e di palazzo, di dame lussuriose e ufficiali della guardia, sullo fondo di reggimenti in uniforme, di orpelli militari, di scintillii d'arme, in una eccitazione immaginativa di rara potenza.

Nelle ultime produzioni si giunge all'amato Ottocento con *Marianna Ucrìa*, una Sicilia rivissuta attraverso la pittoricità di Goya, con colori vivissimi ispirati alla

– quite simply a mystical experience, requiring a pause for concentration to savor their heavenly taste. But then Donati himself was just as good. At his house in Le Murelle, near Todi, during the fine season when shooting was over he would invite his gang of friends and cook for them, on his own, as always, from the first dish to the last. Magnificent dinners, belonging to another time. Before one of these occasions Federico had sent a surprise present, a white baby grand piano, brand new, which could be played after dinner by moonlight, and which was actually played by the great Nino Rota.

Did these things really happen? Was there a time in which they were possible? It would seem so, although nobody cares much now. In Umbria, with characteristic nonchalance, the local council let slip a unique opportunity to turn his home at Le Murelle into a museum to house all his paintings, sketches, memorabilia, writings, and prizes, as well as his overflowing library. The perfect place to set up a Scenography Center, for research, experiment, seminars, international meetings, and a permanent workshop. To save the precious memory of one of the greatest artists in the history of Italian cinema, who decided to rest forever in this, his favourite land.

It is easy to predict that the section devoted to Fellini in the exhibition will be most striking, for its visionary flair and visual impact.

A sequence like the famous "ecclesiastical fashion show" in the film *Roma* (1972) has no rivals in terms of fantasy, with its procession of stunning, extravagant capes and tiaras. The legendary parade of clerical garb that culminates in the wild exhibitionism of the cardinals' vestments, complete with coloured lamps like pinball machines, ending with the menacing flapping of black veils on the carriage of death - pure creative theatre. It is thrilling to see close up the brilliant use of unimaginable materials, true sculptures of cloth for a mysterious, triumphant power; to see for one's self what heights of Baroque excess and trickery film costume design can reach.

Casanova is perhaps the most original recreation of the 18th century, with explicit references to painting in the choreographies of the figured ballets, the pantomimes (Du Bois' *Mantis*), and the scene furnishings inspired by the spontaneous invention of sublime artisans: the lace on the huge tablecloth in the Atelier of Anna Maria is an effect achieved by cutting the cloth with ordinary nail-scissors.

And what of the bizarre, fantastic, aristocratic, costumes of the white clowns, made from memory for the film about the circus? Or the TV show in *Ginger and Fred*, where the art director returns, with self-satisfied playfulness, to the Saturday-night variety show *Canzonissima* that he worked on at the beginning of his career, with an infallible sense of popular entertainment?

There is no historical era that Danilo did not experience on the set. In *Ro.Go.Pa.G.* the historical film itself becomes the subject of the production. In *The Gospel According to St. Matthew* oleography is annulled by mystic barbarism. *Oedipus Rex* overturns the vision of Ancient Greece. In the Trilogy of Life there is a credible, though highly inventive recreation of both the Middle Ages (Boccaccio and Chaucer) and the mythical Persia of the *Arabian Nights*. The Renaissance world of Shakespeare is represented with sumptuous ostentation, velvets and brocades which the designer shaped with his own hands to give a sense of depth and an almost tactile quality to the materials of the period. *The Taming of the Shrew* is the prime example, but also, though with less wealth of detail, the recreation of the 14th and 15th centuries in *Brother Sun* and *Romeo and Juliet*.

For *Catherine the Great*, the depraved but brilliant ruler, hundreds of hand-painted sketches evoke the cruel, yet magnificent Russia of the 18th century, full of passion and scheming, of lustful ladies-in-waiting and officers of the Guard, against a background of regiments in uniform, military display, and glittering weapons – a creative feat of rare power.

In his later career he returned to his beloved 19th century in *Marianna Ucrìa*, a Sicily recreated in the pictorial style of Goya, with the bright colours of fruit, of the produce of the earth. A sort of dress rehearsal for his work on Émile Zola's *Nana* or Federico De Roberto's *I Vicerè*, the richest, most exuberant and most detailed fresco of the south of Italy.

'frutta', ai prodotti della terra. Una prova generale per l'impegno della *Nanà* di Émile Zola o dei *Viceré* di Federico De Roberto, l'affresco più ricco e profondo, più esuberante e dettagliato, del sud d'Italia.

Infine, il Novecento nei film di Fellini (*Amarcord*, *Ginger e Fred*, *Intervista*), ma anche di Roberto Benigni: il fascismo, il nazismo, gli anni trenta e quaranta, i nostri giorni. Per non parlare delle sperimentazioni stilistiche nel gusto del postmoderno, l'apertura alle 'citazioni' più spregiudicate, applicate in *Caligola* di Tinto Brass o nel secondo *Francesco* di Liliana Cavani.

Per dare corpo alla sua maestria progettavamo con Danilo una grande mostra sul suo lavoro, dal titolo eloquente: *Danilo Donati, creatore di visioni*. Avevamo già identificato il luogo, la Reggia di Colorno, una piccola Versailles nell'entroterra di Parma, non troppo distante dal suo paese natale. Danilo s'era talmente entusiasmato da disegnare e progettare persino i manichini che avrebbero indossato i costumi, spingendosi a prendere accordi con uno speciale fabbricante.

Avevamo fatto i sopralluoghi per saggiare la concreta possibilità di riunire nelle decine di stanze a disposizione i costumi e le scenografie dei suoi film. S'era preoccupato di procedere di persona all'inventario nelle sartorie teatrali e cinematografiche, recuperando quasi tutti i costumi, in buona parte acquisiti dall'Università di Parma. Avremmo ricomposto la sua intera carriera, pezzo per pezzo, compresi i film mai realizzati, come l'impresa gigantesca di *Caterina di Russia*, varata dal fortunato editore di "Penthouse" Bob Guccione, di cui esistono decine e decine di cartoni preparatori. Avremmo persino esposto le centinaia di polaroid, miracolosamente recuperate nella soffitta di via Ricciotti, scattate durante la preparazione del *Satyricon* per i provini di trucco e acconciature di quei sembianti misteriosi e indimenticabili. Poi Danilo scomparve e non si fece più nulla.

Ora per altre strade il progetto è maturato a più di dieci anni dalla sua morte, e Villa Manin porta finalmente a compimento il suo sogno segreto, la sua accesa aspirazione.

Nel frattempo la riflessione sul lavoro di Donati è entrata in molte scuole e accademie diventando tema di studio e approfondimento; è in corso un'analisi complessa di quell'estetica della 'matericità' attraverso la quale Donati ha saputo regalare al nostro cinema il momento forse più alto, nel solco autentico e profondo della tradizione figurativa italiana.

Campione dell'illusione, Danilo Donati aveva scritto nelle prime pagine di *San Lorenzo della gran calura*:

"Il verosimile si sa è ingannatore, usa anche piccoli imbrogli. A scapito del vero. Ma è così piacevole lasciarsi sedurre dalle sue fantasie che ti farà sempre accettare con piacere tutte le sue proposte.

Il verosimile è sempre accattivante e può essere composto a tuo piacimento, mentre il vero lo devi solo subire.

L'occhio però va ben istruito a preferire solo ciò che gli dà gioia e appagamento.

Il vero è l'amico degli amanti della filologia che come si sa è la morte della creatività."

Finally, the 20th century in the films of Fellini (*Amarcord*, *Ginger and Fred*, and *Fellini's Intervista*), and also in those of Roberto Benigni: Fascism, Nazism, the 1930s and 1940s, the present day. Not to mention the experiments in postmodern style, the use of more daring "citations" in Tinto Brass's *Caligula* and Liliana Cavani's second *Francesco*.

Danilo and I were planning a major exhibition of his work, entitled *Danilo Donati, creatore di visioni*. We had already chosen a location, the Reggia di Colorno, a small-scale Versailles near Parma, not far from where he was born. Danilo was so enthusiastic about the project that he had even designed the mannequins that would display his costumes and found an artisan who could produce them.

We had visited the site to see whether it would be possible to show his costumes and set designs in the dozens of rooms available. He himself had drawn up an inventory of the items housed in the theatre and cinema costume workshops, tracing almost all his costumes, most of them acquired by the University of Parma. We aimed to reconstruct his entire career, piece by piece, including the films that had never been made, like the colossal *Catherine the Great* project launched by *Penthouse* publisher Bob Guccione, for which there are dozens and dozens of preparatory cartoons. We would even have shown the hundreds of polaroids taken before the shooting of *Satyricon*, miraculously rediscovered in the attic in Via Ricciotti, showing the make-up and hair experiments for those unforgettable, mysterious faces. Then Danilo died, and nothing came of the project.

Now, ten years after his death, his secret dream is finally about to be realized at Villa Manin. In the meantime Donati's work has become a subject of study and research in many schools and academies, and experts have begun a complex analysis of the aesthetics of "materiality" through which the master designer contributed to what was perhaps the golden period of Italian cinema, following the great tradition of Italian figurative art.

A master of illusion, in the opening pages of *San Lorenzo della gran calura* he wrote:

"Fiction, as we know, is deceptive, it uses little tricks. At the expense of truth. But it is so pleasant to let ourselves be seduced by its inventions that we are always happy to accept them.

Fiction is always captivating, and can be composed at will, while truth must only be endured.

But the eye must be trained to appreciate only that which gives it joy and satisfaction.

Truth is the friend of lovers of historical accuracy, which, as we know, is the death of creativity."

MUSTAFA SABBAGH PER / FOR DANILO DONATI E / AND LA SARTORIA FARANI

Mustafa Sabbagh per Donati e Sartoria Farani, testi di Clara Tosi Pamphili
Mustafa Sabbagh for Donati and Sartoria Farani, texts by Clara Tosi Pamphili

Il Vangelo secondo Matteo
Gospel According to Matthew
PIER PAOLO PASOLINI, 1964

L'incontro tra Pasolini e Donati è la felice unione tra due uomini profondamente colti e capaci di fare del lavoro poesia e viceversa.
Donati ha letto la poetica pasoliniana traducendola attraverso la visione dell'arte classica come gli affreschi di Piero della Francesca e la pittura di Andrea Mantegna.

The encounter between Pasolini and Donati was a fortunate and fertile union between two profoundly cultured men who were able to make poetry with their work and vice versa.
Donati interpreted Pasolini's poetics with the vision of classical art, such as the frescoes of Piero della Francesca and the paintings of Andrea Mantegna.

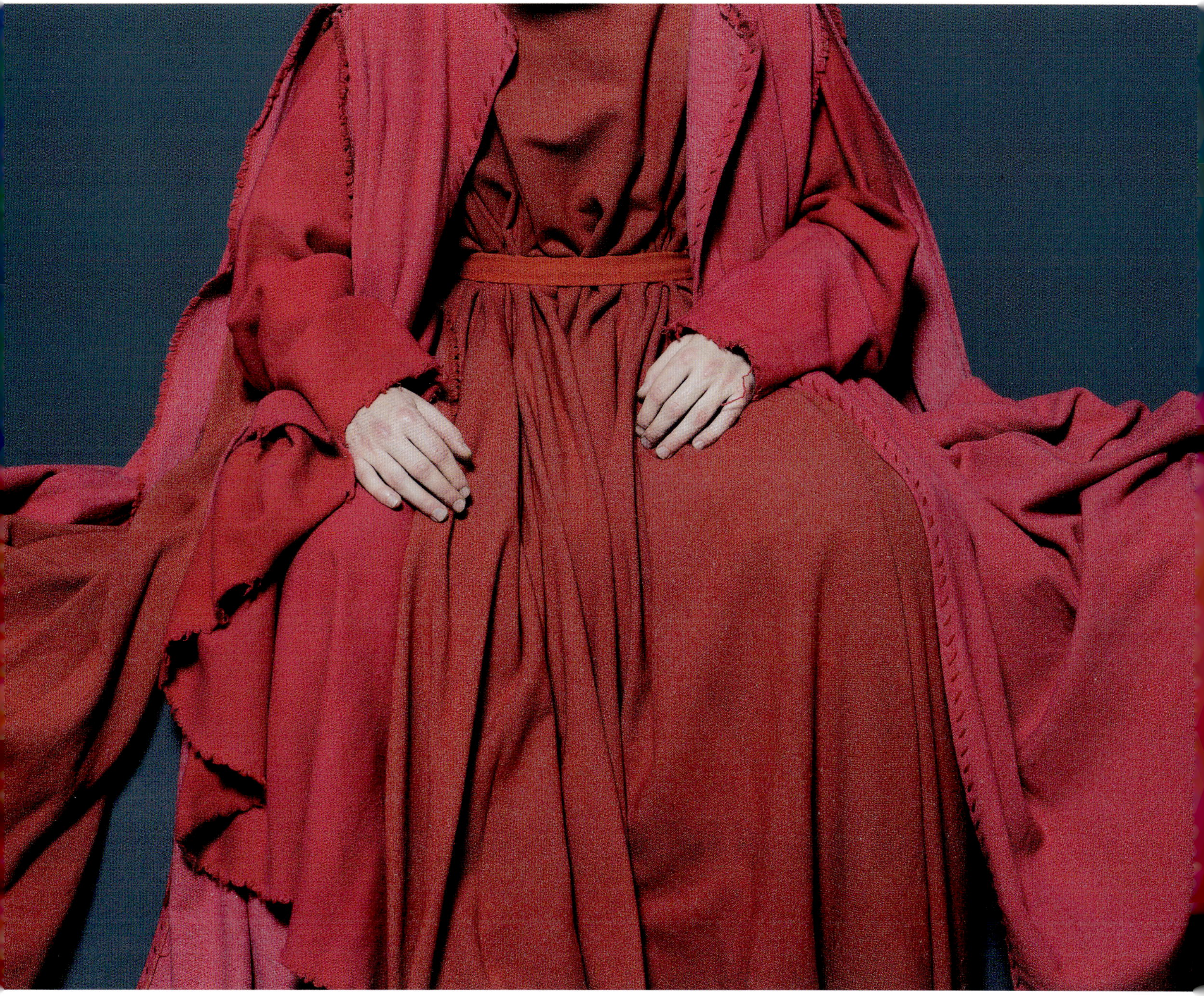

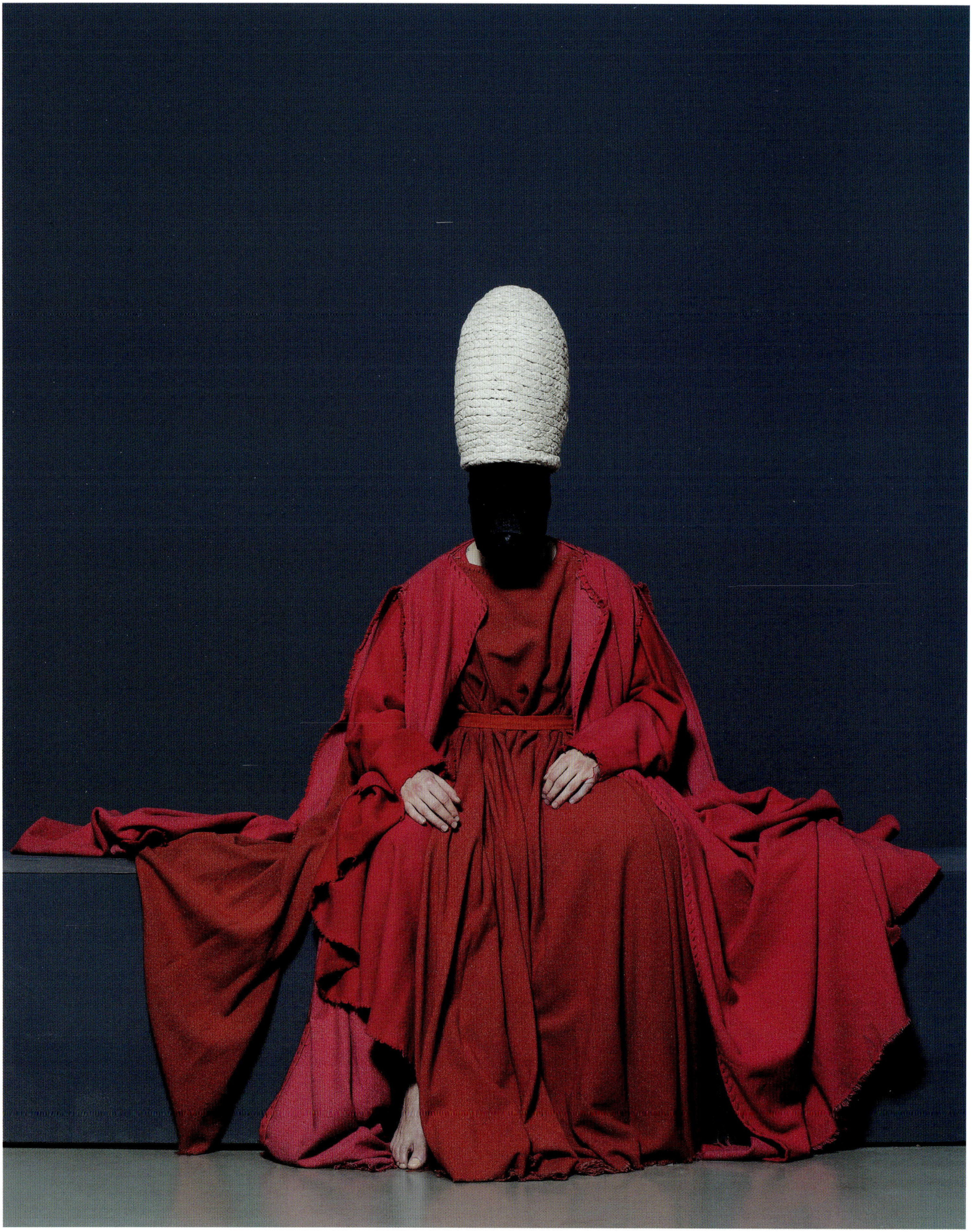

73

74

75

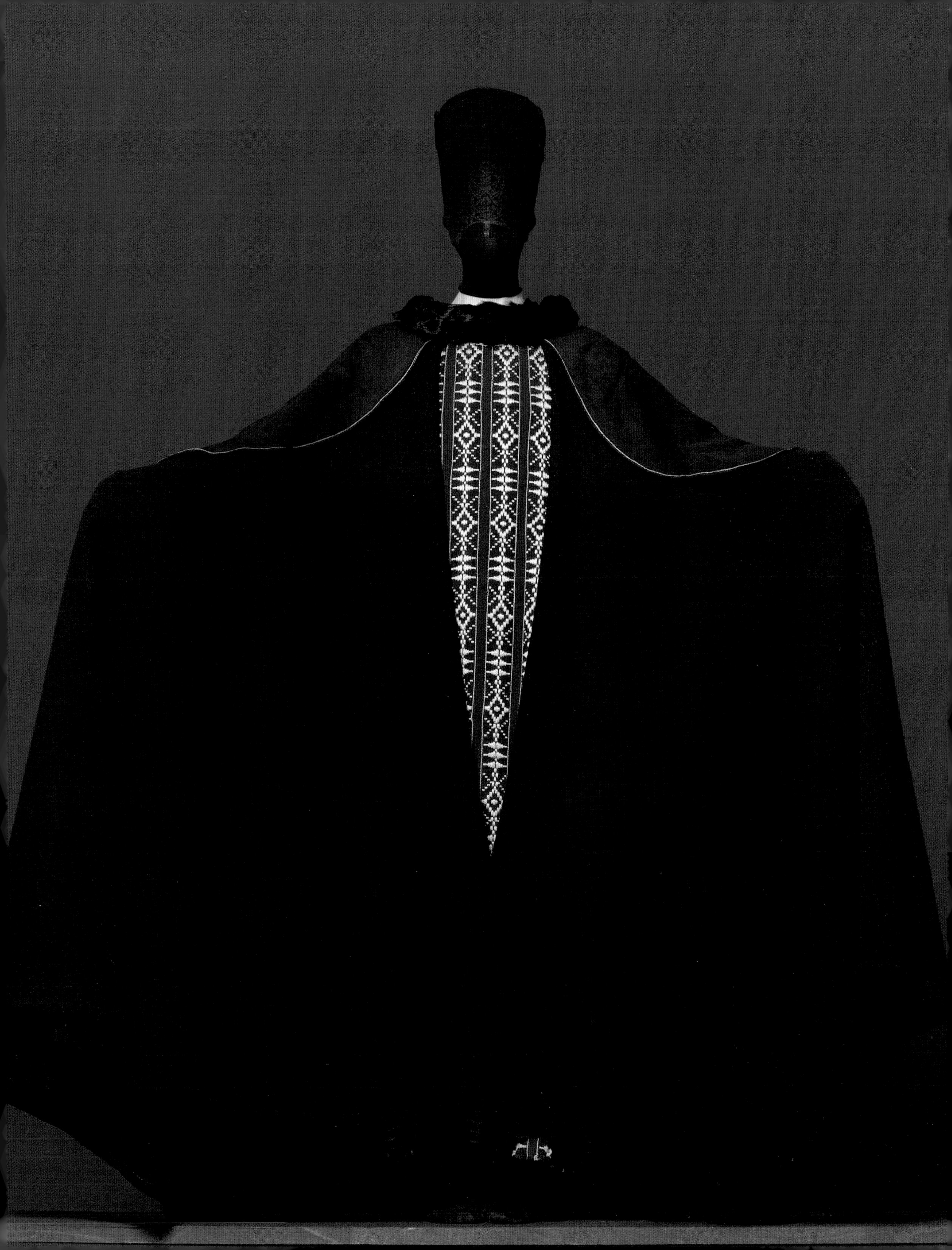

78

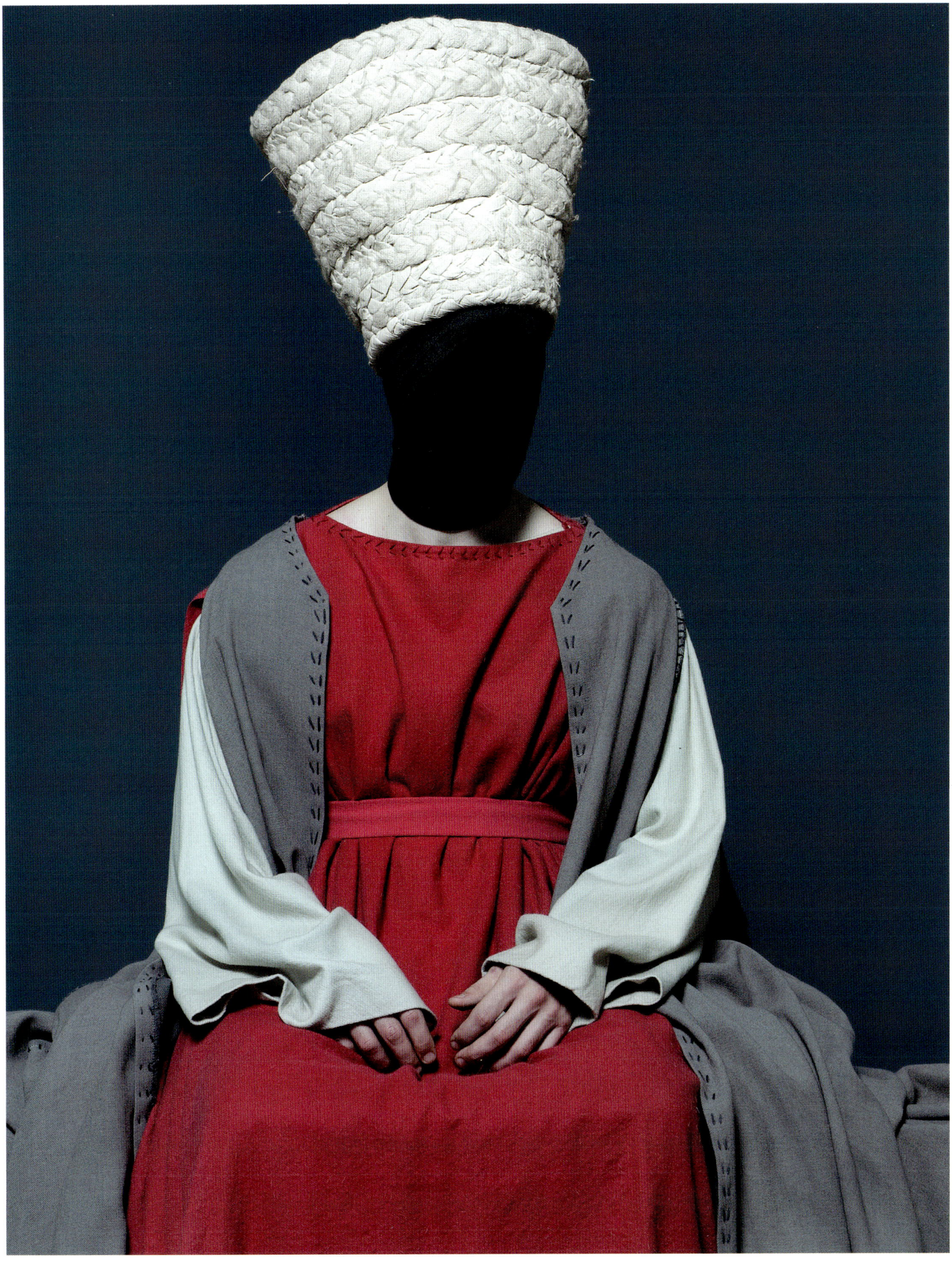

La mandragola
The Mandragola
ALBERTO LATTUADA, 1965

Insieme al *Vangelo Secondo Matteo, La mandragola* segna l'inizio del lavoro di Farani per il cinema, la sartoria diventa un elemento fondamentale su cui possono contare regista e costumista per concretizzare in immagini fotografiche le loro visoni.

Along with *Gospel According to Matthew, La Mandragola* marked the beginning of Farani's work in cinema. Directors and costume designers quickly realized they could count on his costume shop to materialize their vision in photographic images.

81

La bisbetica domata
The Taming of the Shrew

FRANCO ZEFFIRELLI, 1967

Zeffirelli, Donati e Farani erano amici, abitavano tutti e tre nello stesso palazzo: dall'amicizia nascono quei sogni che poi si concretizzano in collaborazioni professionali importanti. I costumi per Richard Burton rappresentano lo spirito della sartoria che, oltre alla sperimentazione dei materiali, realizza un'immagine storica scevra da ogni banalità filologica.

Not only were Zeffirelli, Donati and Farani friends, but they all lived in the same building. From their friendship grew dreams and from their dreams, important professional collaborations. Richard Burton's costumes epitomize the spirit of Farani's costume shop, which, in addition to its constant experimenting with materials, realized a historical vision devoid of pedantry or cliche'.

83

Edipo re
Oedipus Rex

PIER PAOLO PASOLINI, 1967

85

Porcile
Pigsty
PIER PAOLO PASOLINI, 1969

87

Fellini Satyricon

FEDERICO FELLINI, 1969

I costumi dei *Clowns* non possono essere semplicemente considerati costumi cinematografici, sono vere e proprie icone capaci di evocare un mondo di suoni e immagini che è parte del nostro patrimonio creativo inconscio.

Fellini diceva che il film perfetto dovrebbe esser fatto di una sola immagine, un solo quadro si realizza mille volte nel *Casanova*: ogni scena è un film in cui perdersi.

The costumes for *The Clowns* should not be seen simply as stage costumes; they are genuine icons that evoke a world of sound and image belonging to our unconscious creative heritage.

Fellini said that the perfect film would be made of a single image. Indeed, a single shot is recreated a thousand times in *Casanova*. Each scene becomes a sort of film in which to immerse onself.

89

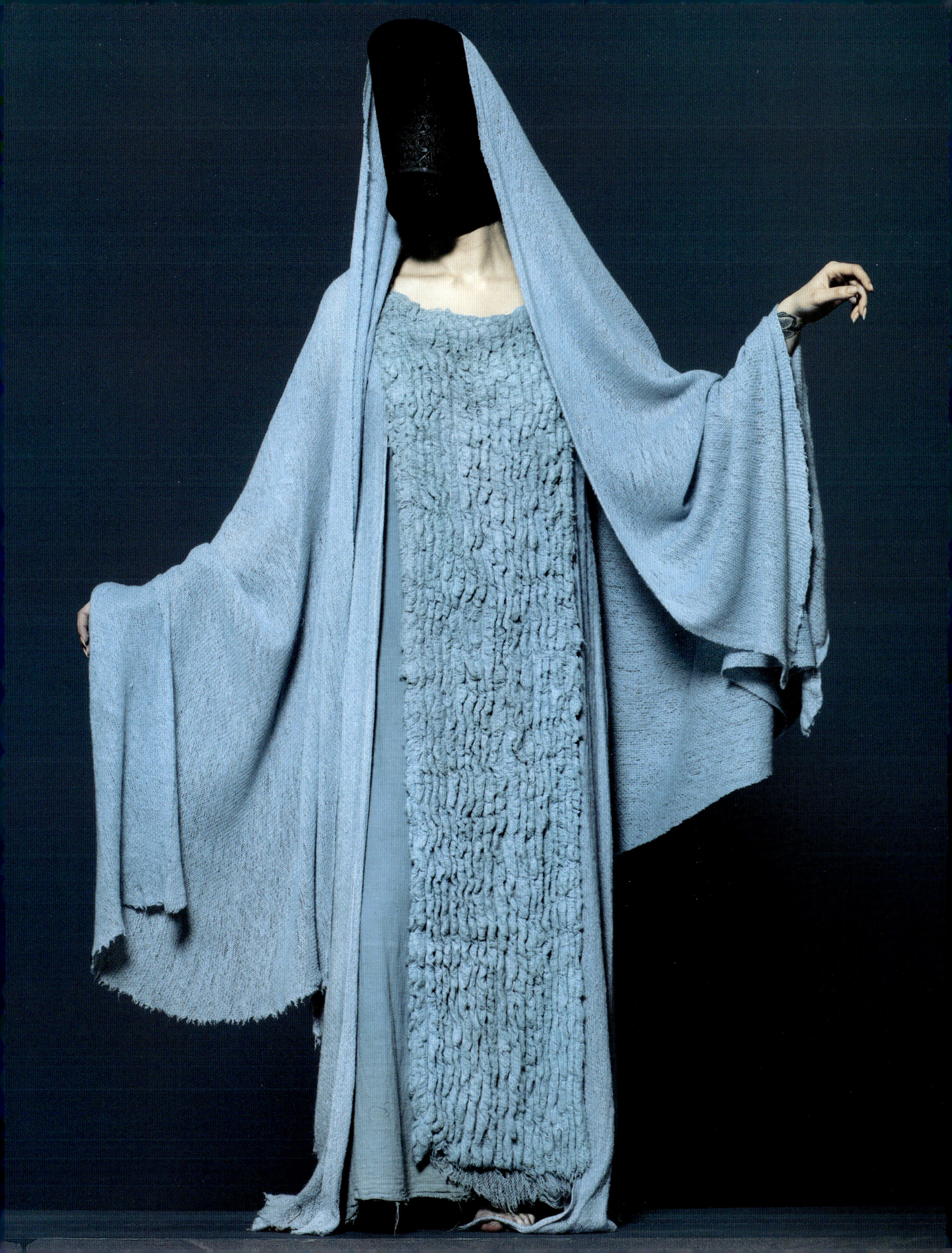

I clowns
The Clowns
FEDERICO FELLINI, 1970

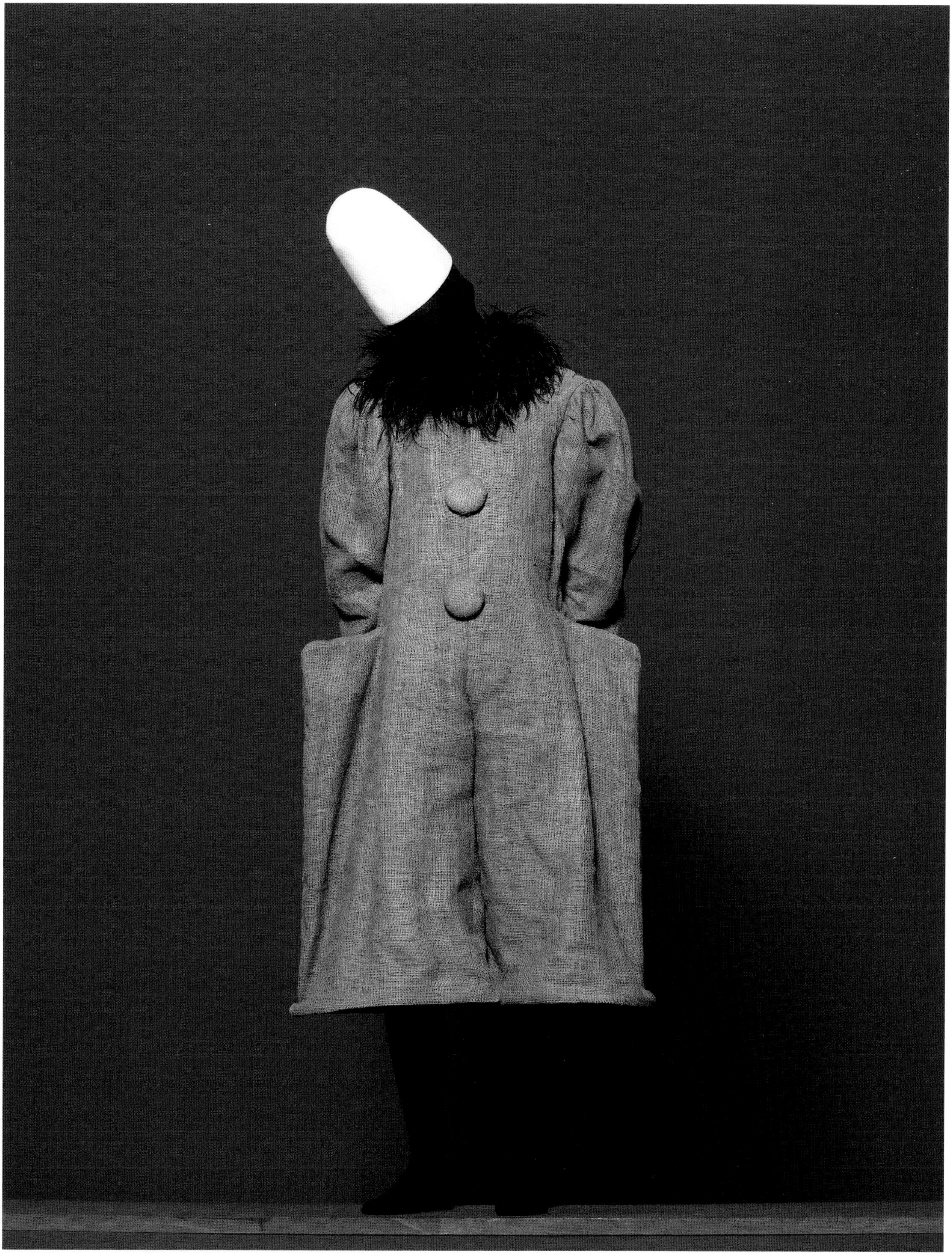

Il Decameron
The Decameron

PIER PAOLO PASOLINI, 1971

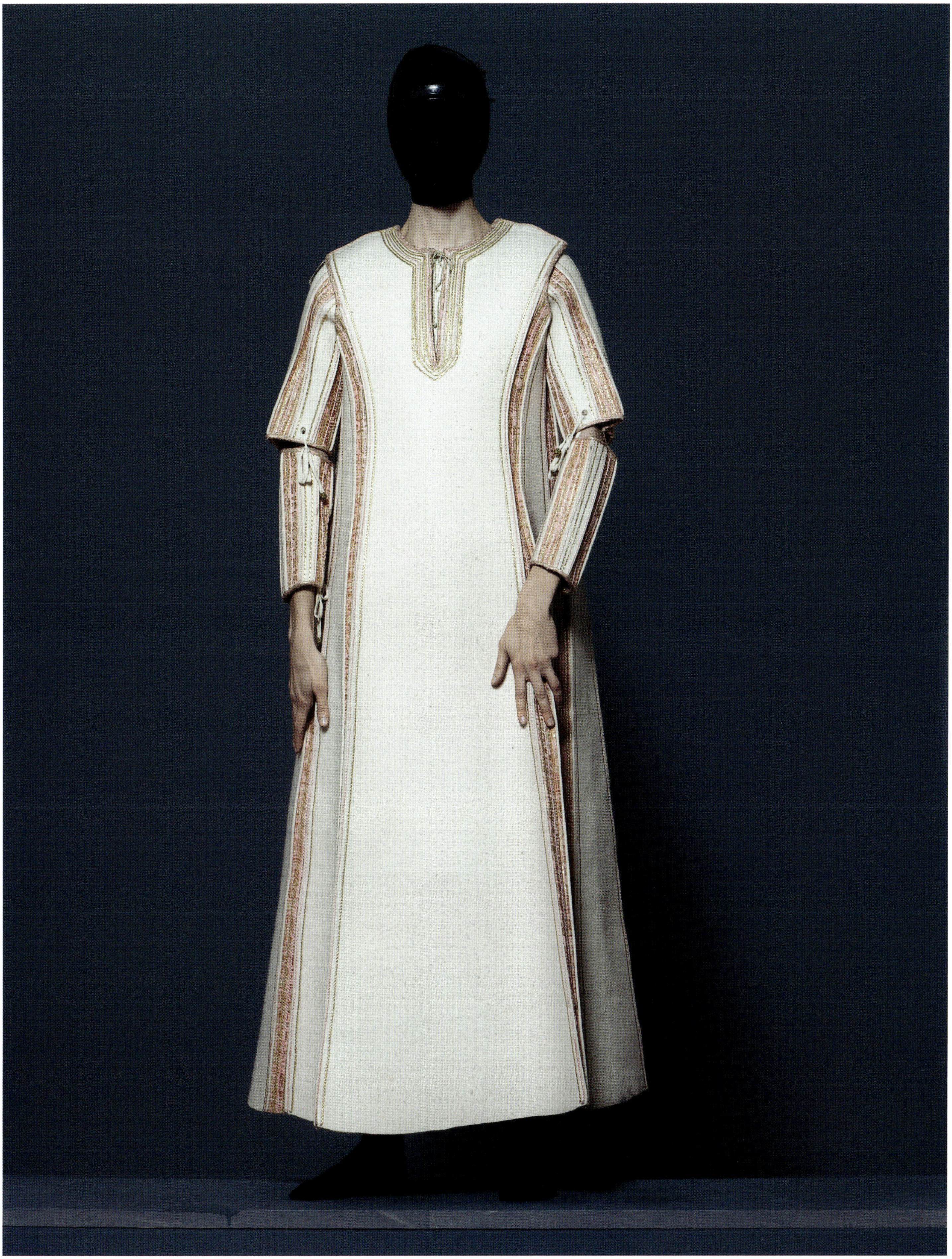

96

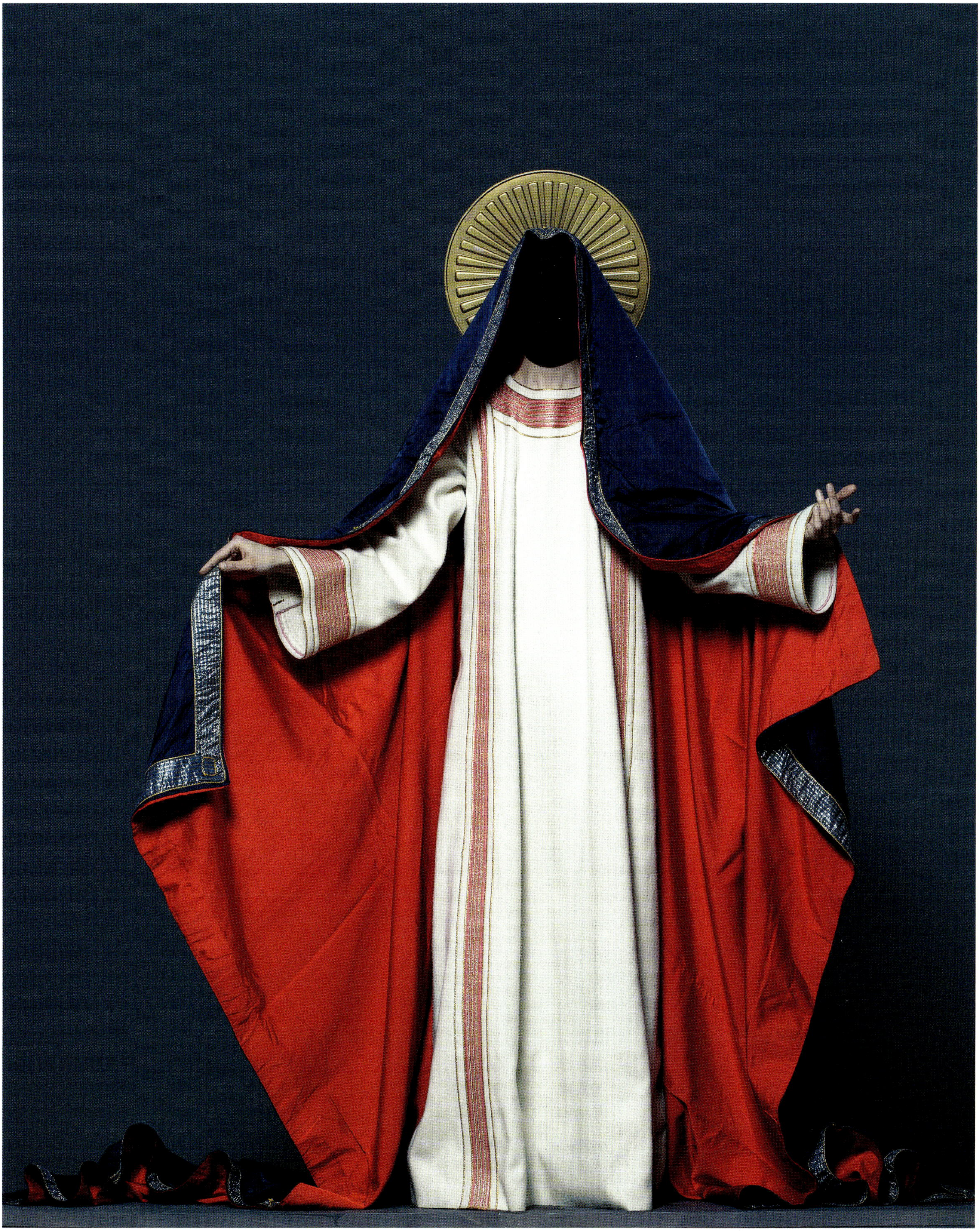

98

99

I racconti di Canterbury
Canterbury Tales

PIER PAOLO PASOLINI, 1972

101

102

103

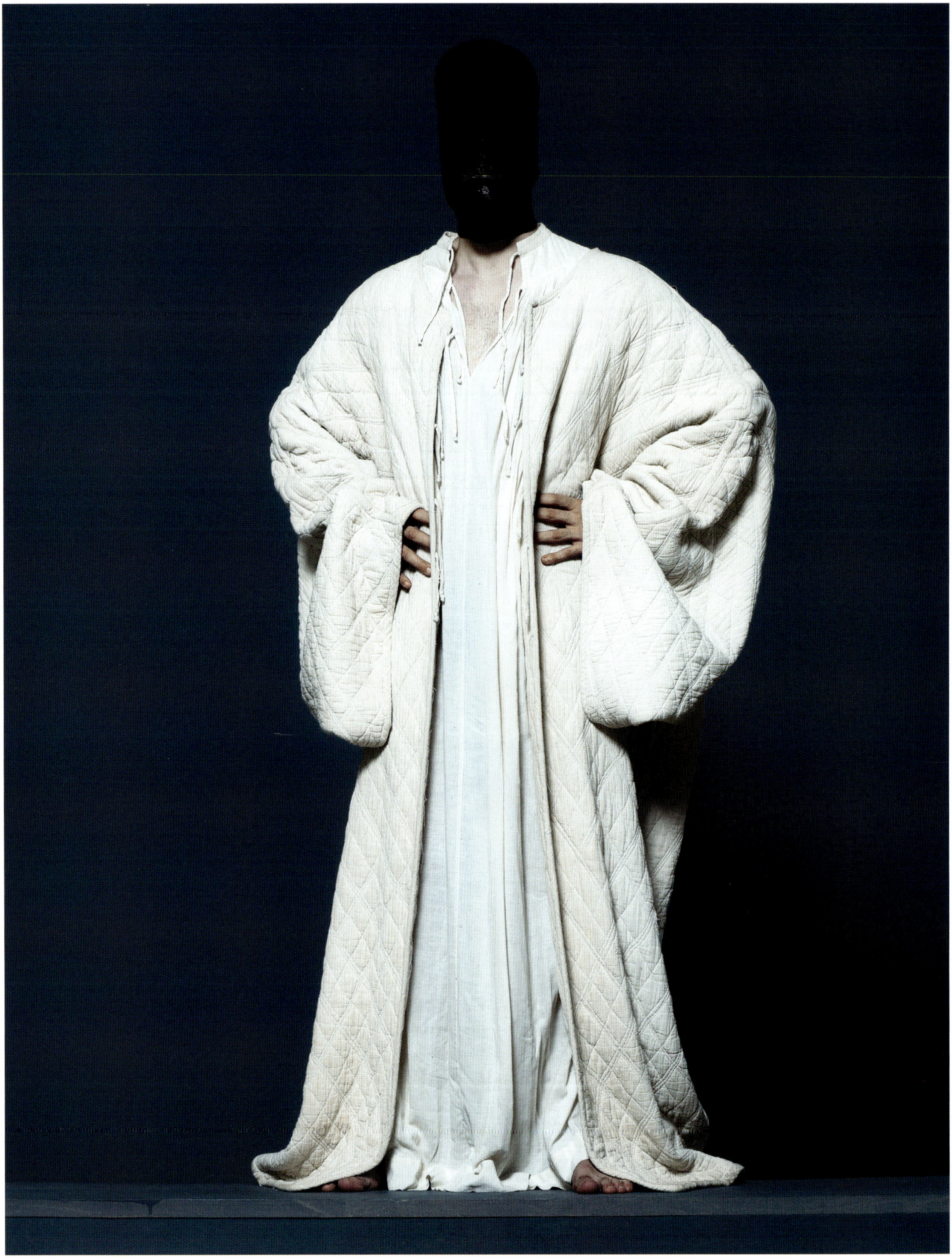

105

106

107

Amarcord

FEDERICO FELLINI, 1973

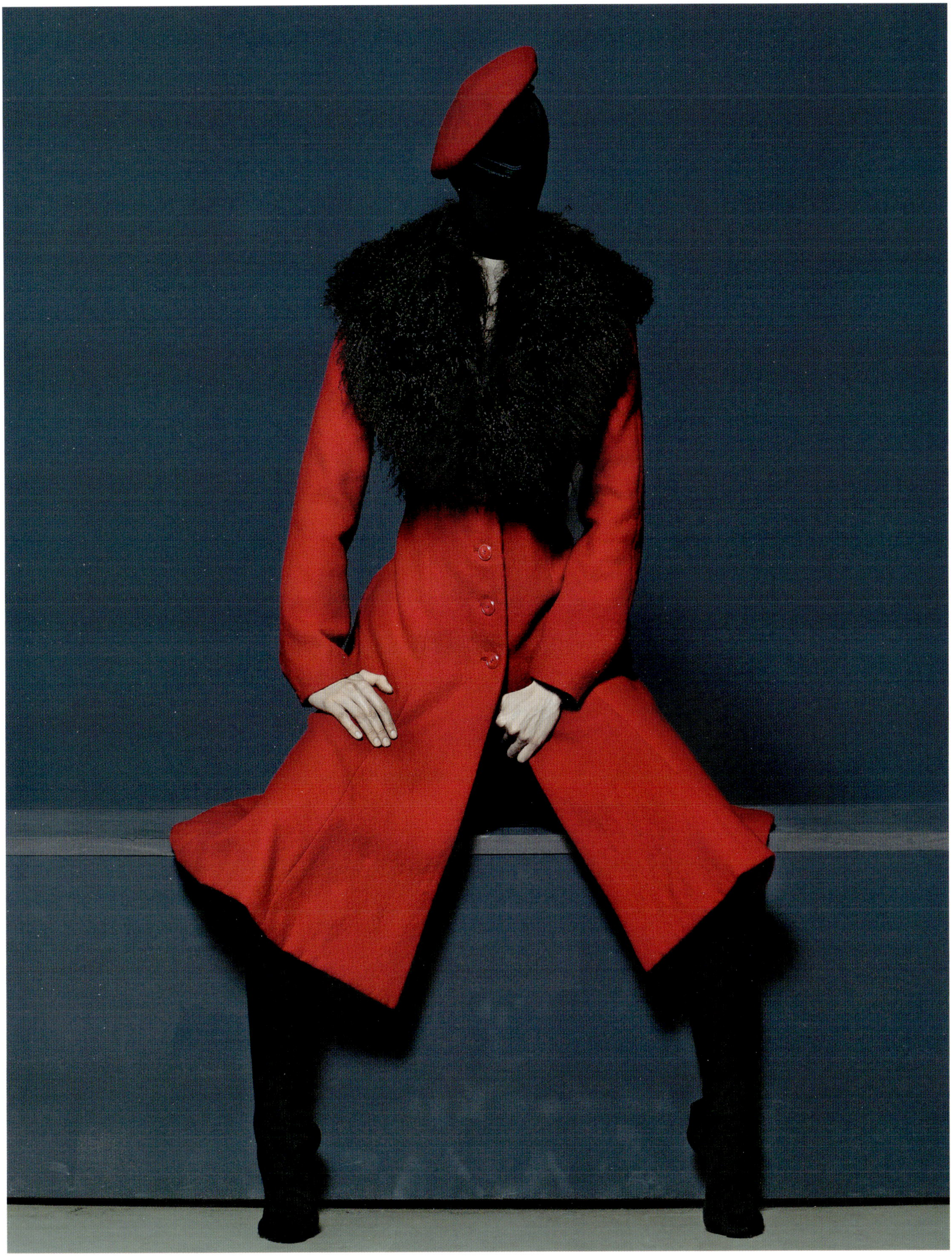

Storie scellerate
Bawdy Tales

SERGIO CITTI, 1973

Donati era capace di umanizzare costumi palesemente ispirati all'arte usando materiali improbabili come i canovacci da cucina per riprodurre le immagini del Carnevale romano del Pinelli.

Donati was able to humanize costumes clearly inspired by art while using improbable materials like dish towels to recreate the images of the Roman Carnival by Pinelli.

111

112

113

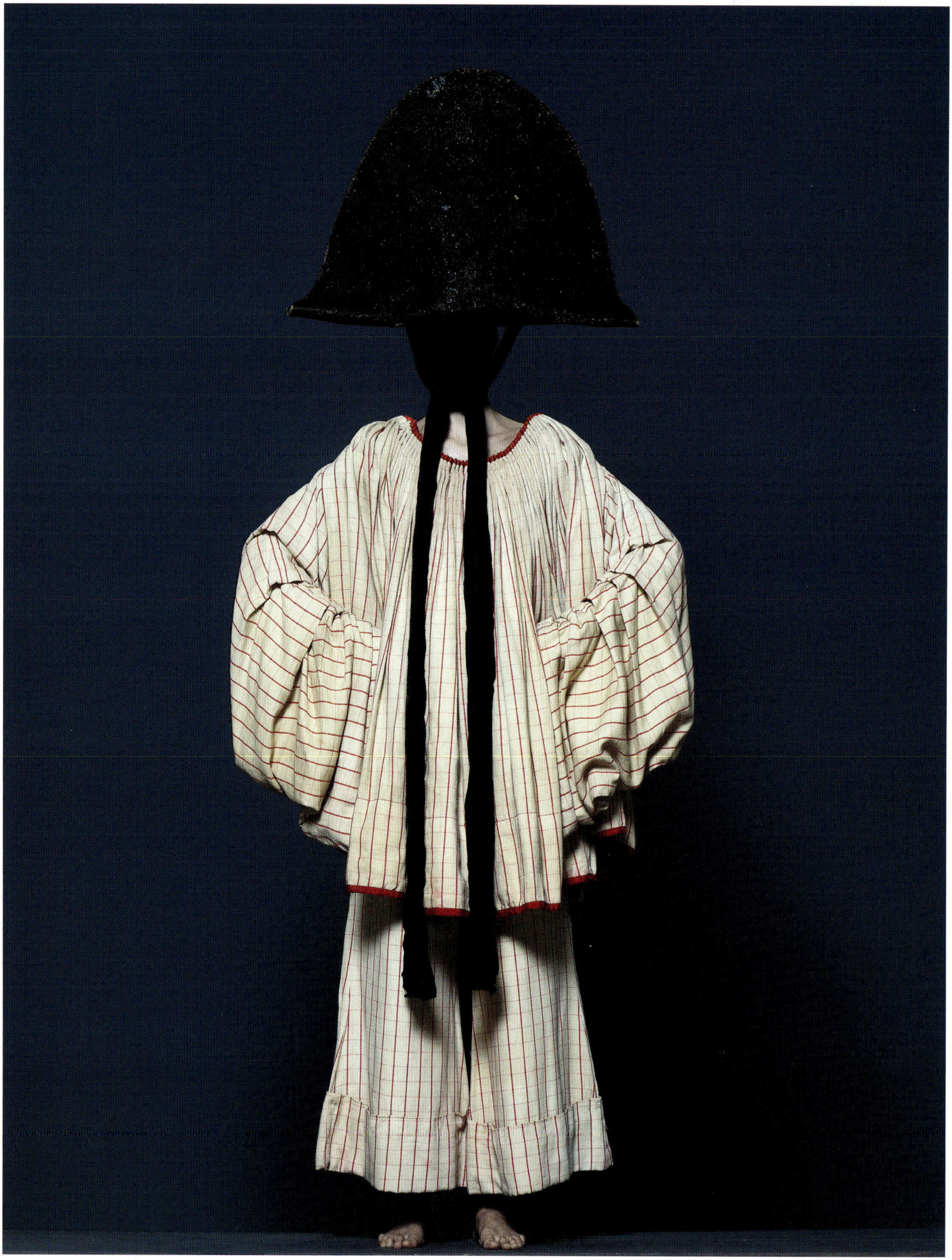

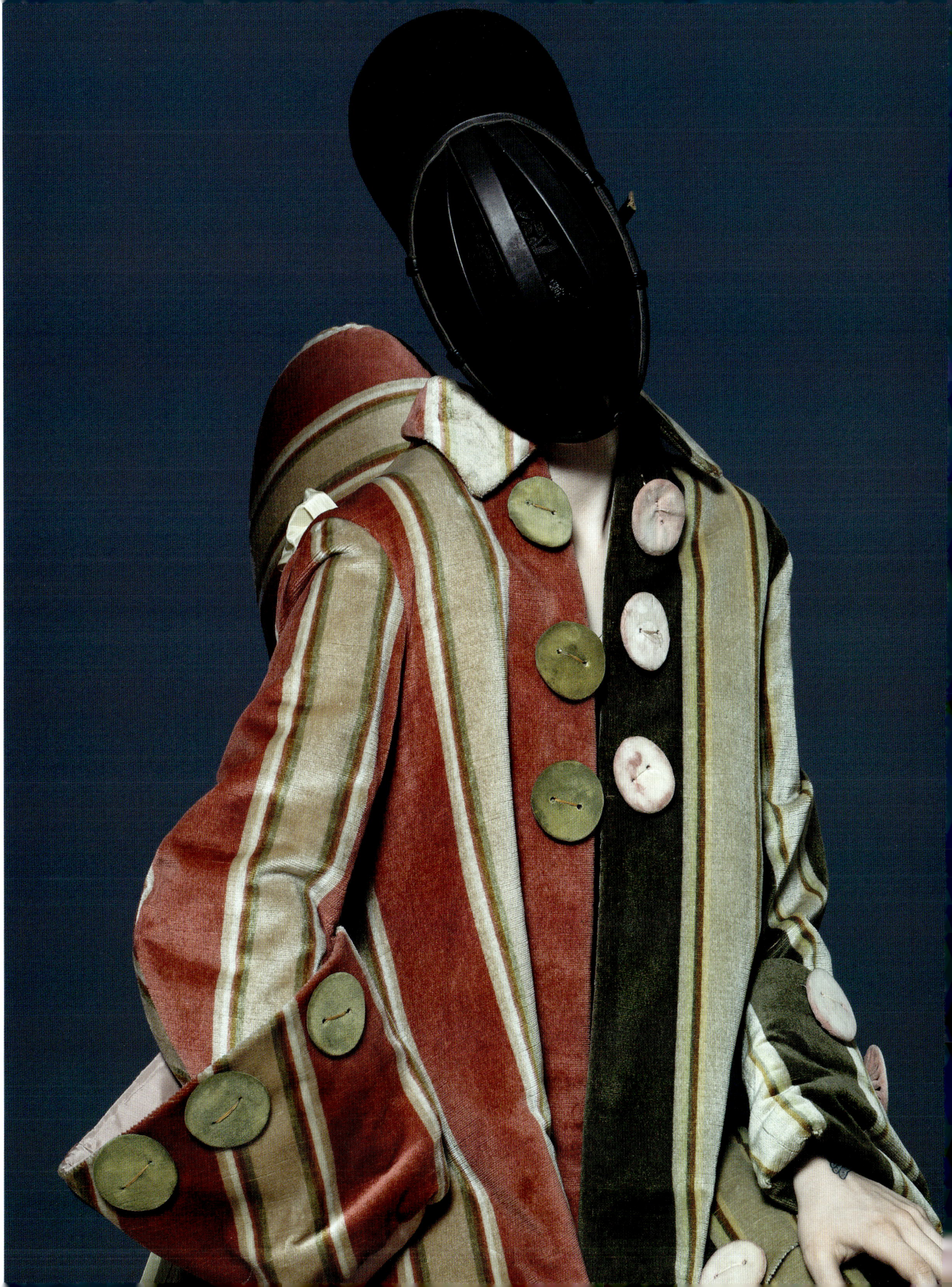

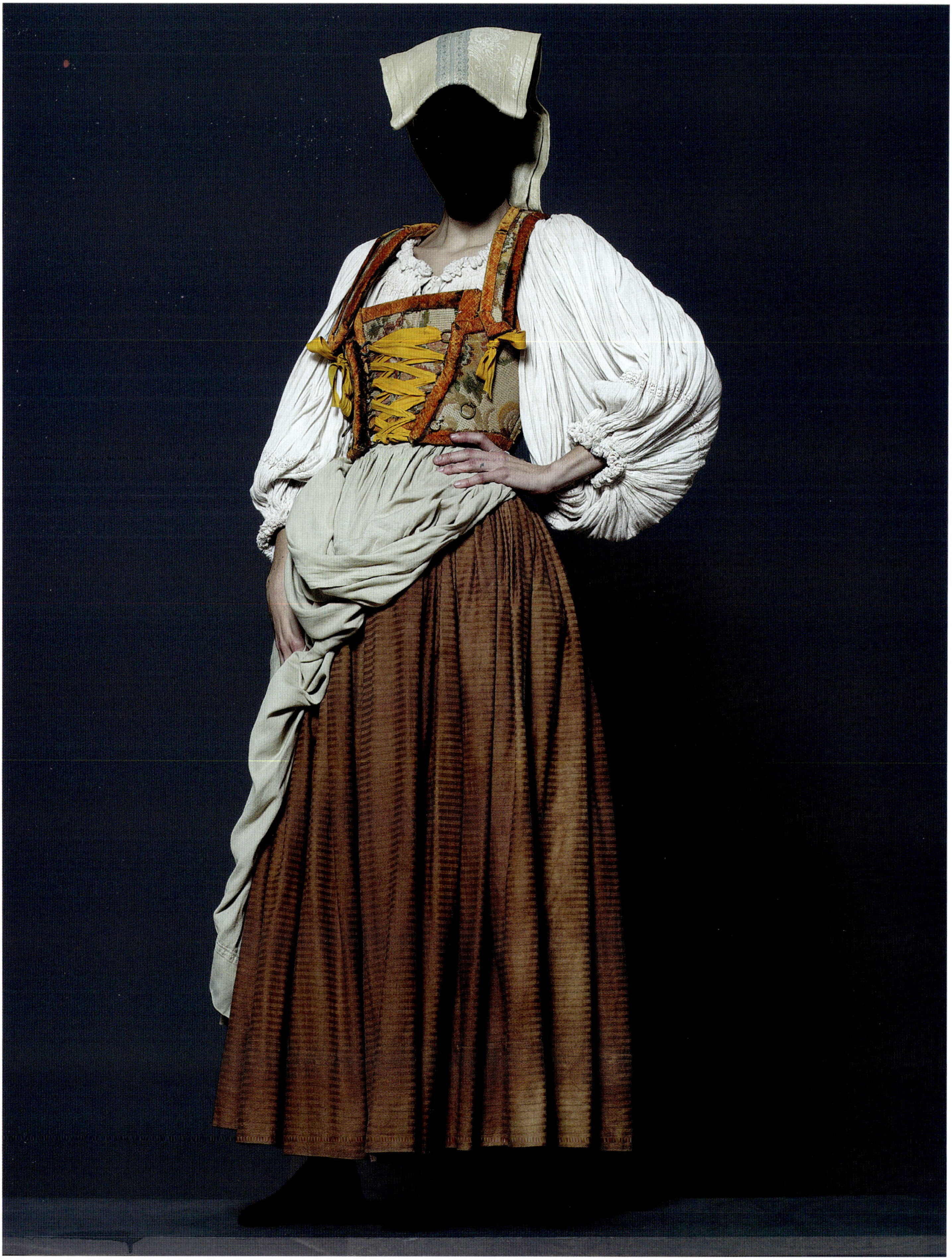

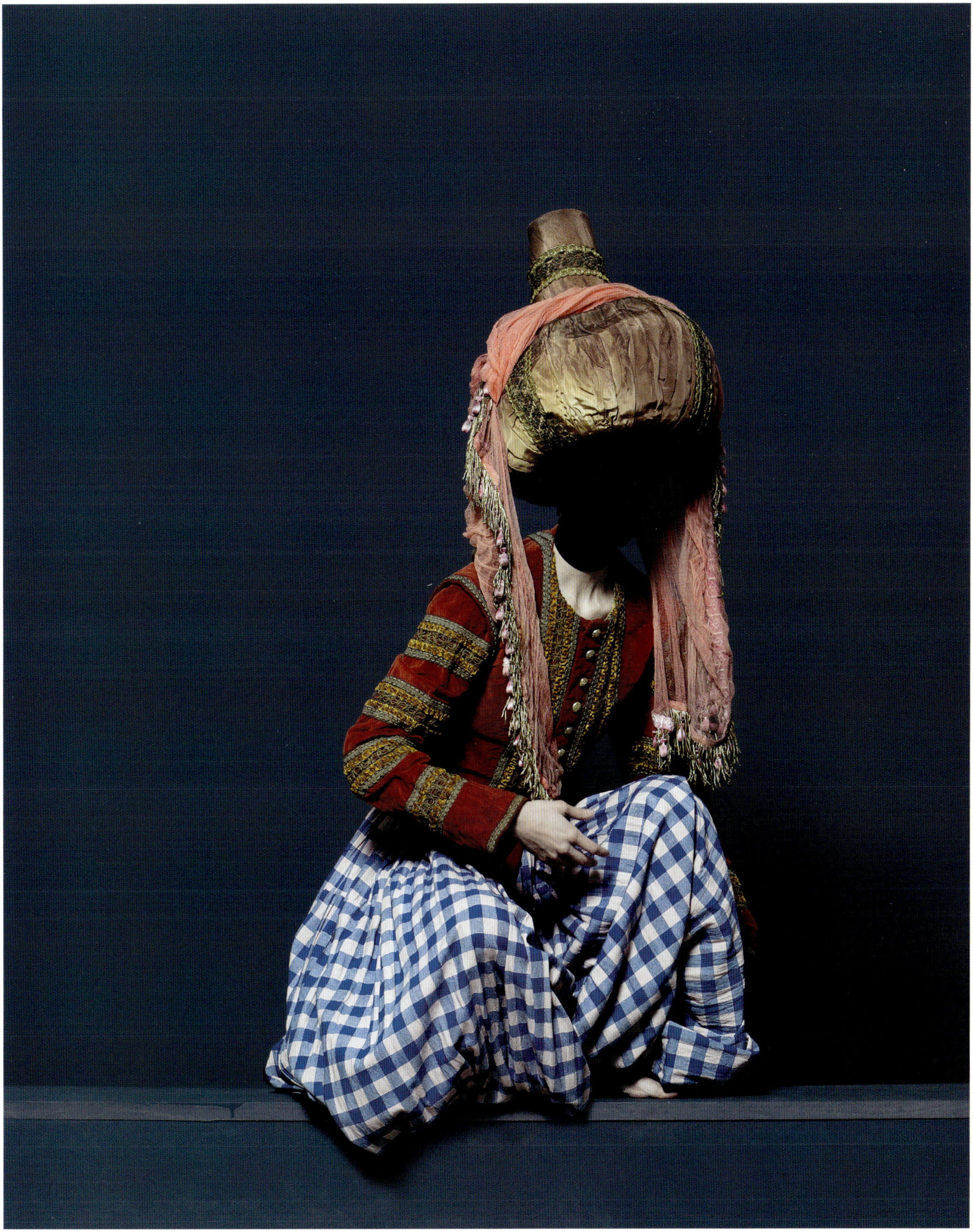

Il Fiore delle mille e una notte
Arabian Nights

PIER PAOLO PASOLINI, 1974

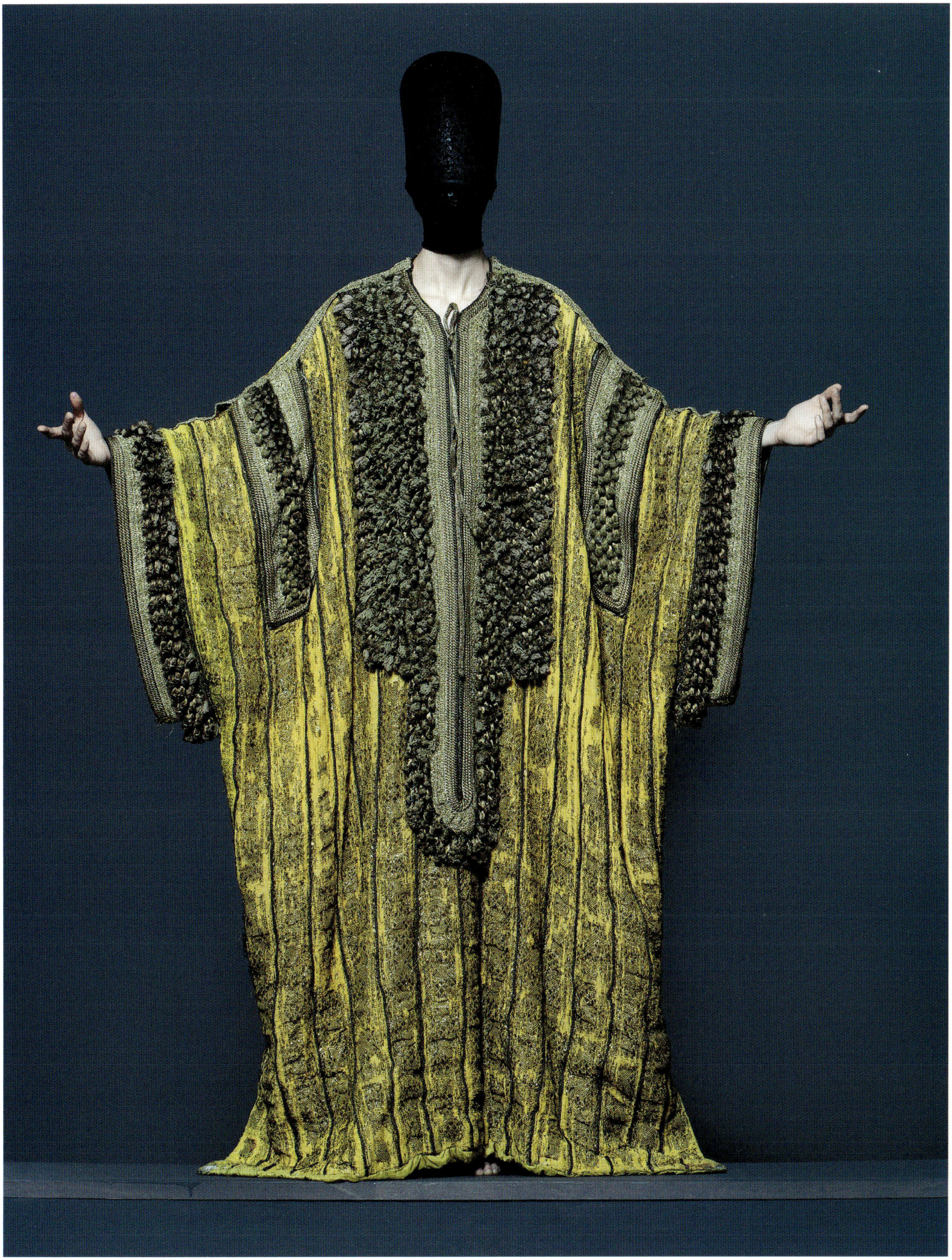

120

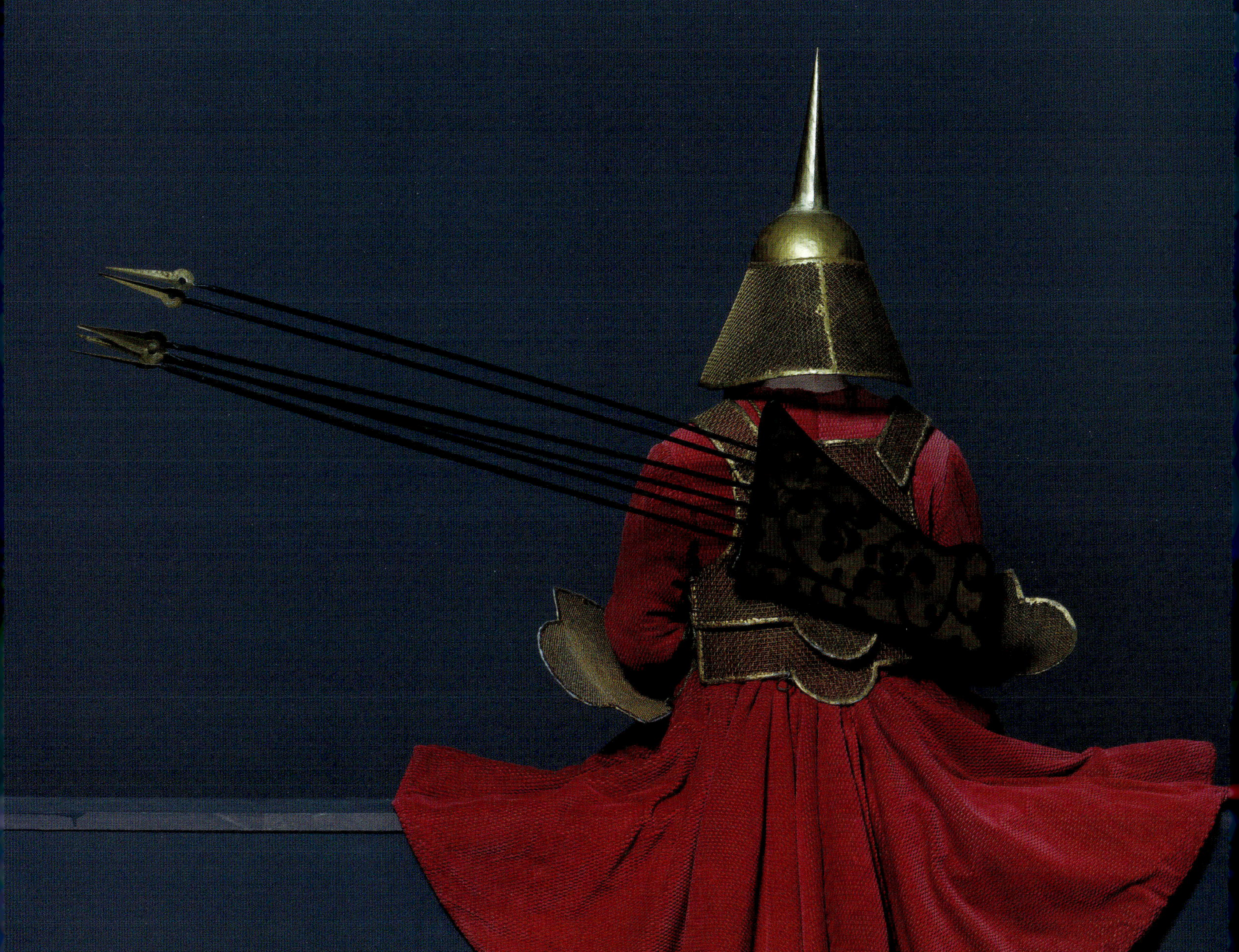

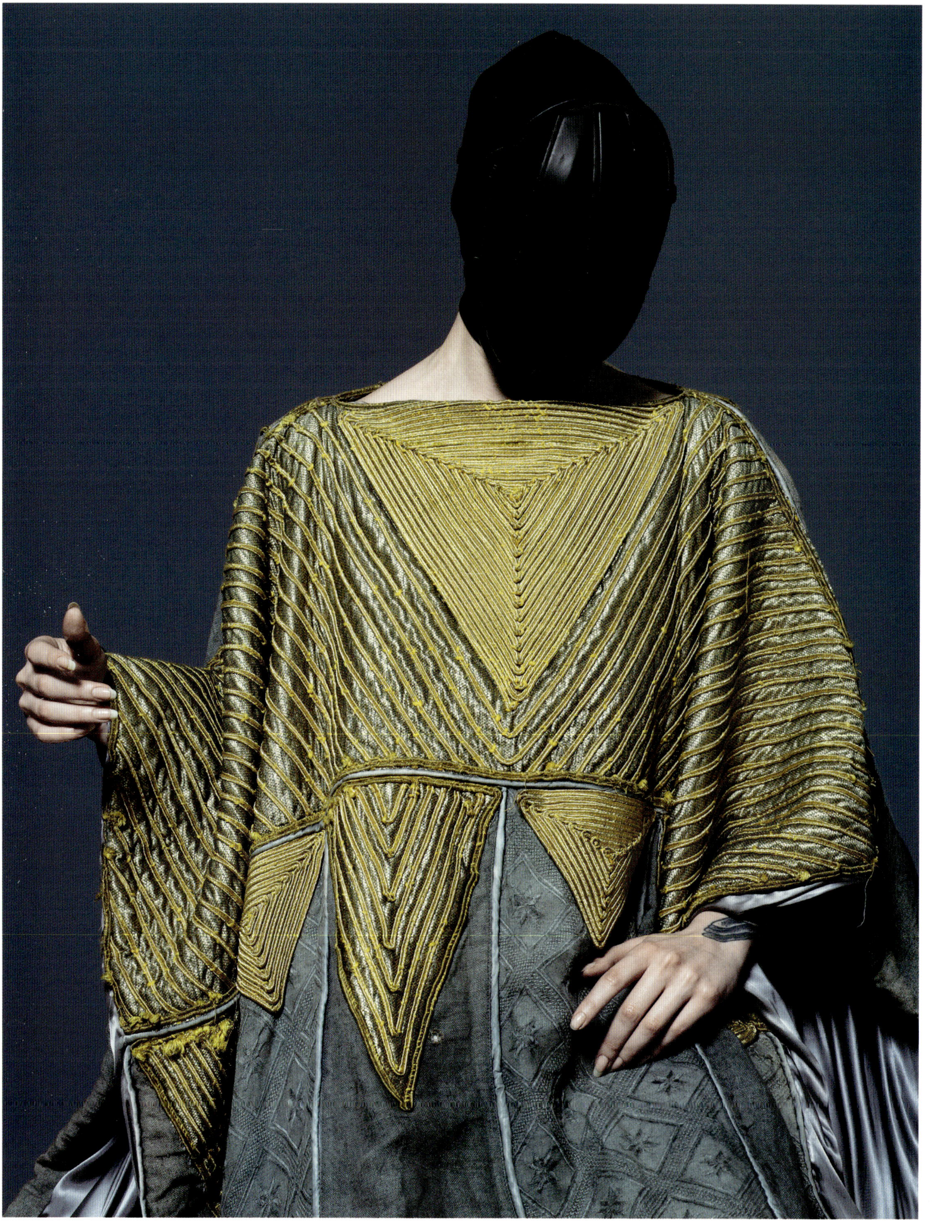

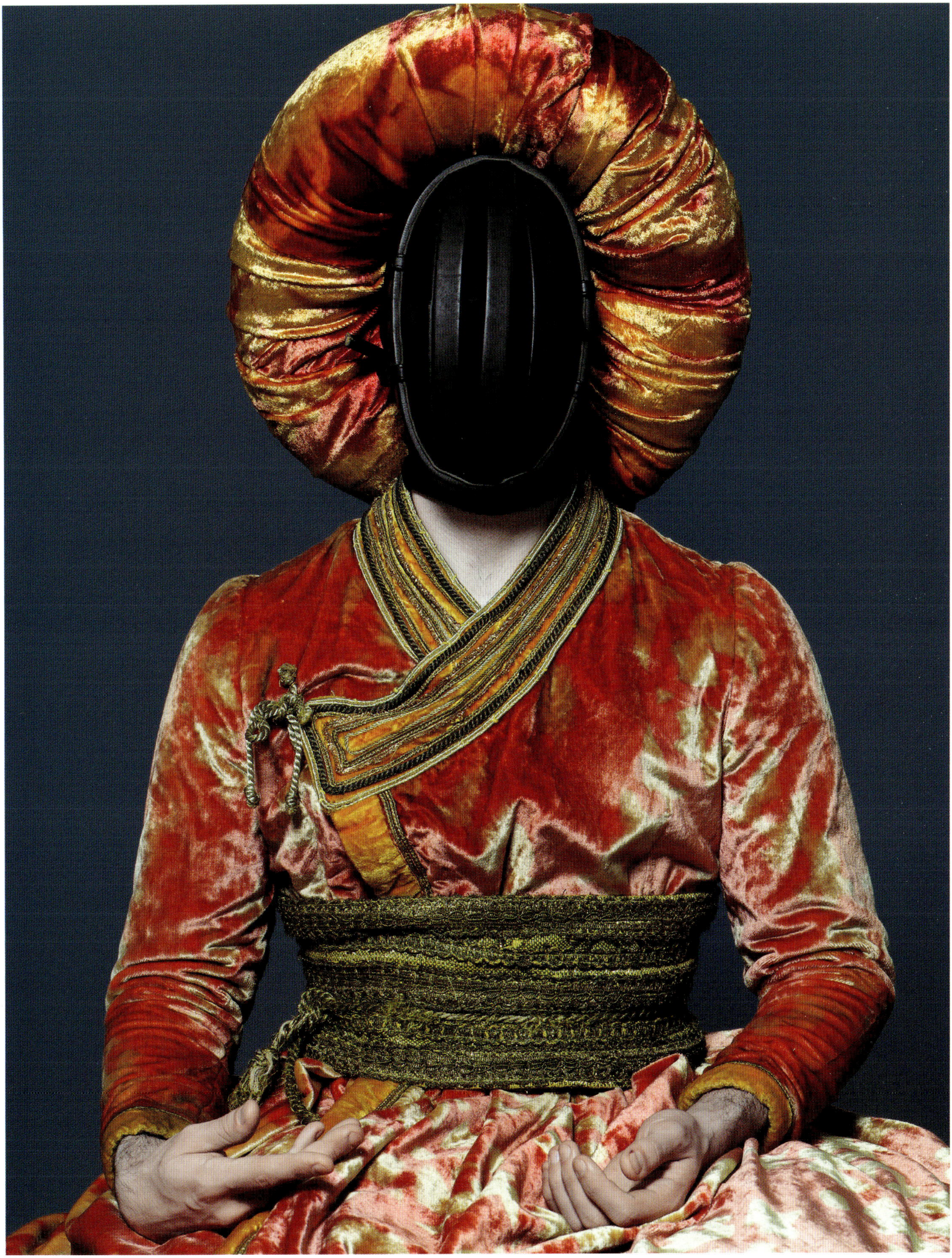

Salò o le 120 giornate di Sodoma
Salò or the 120 Days of Sodoma

PIER PAOLO PASOLINI, 1975

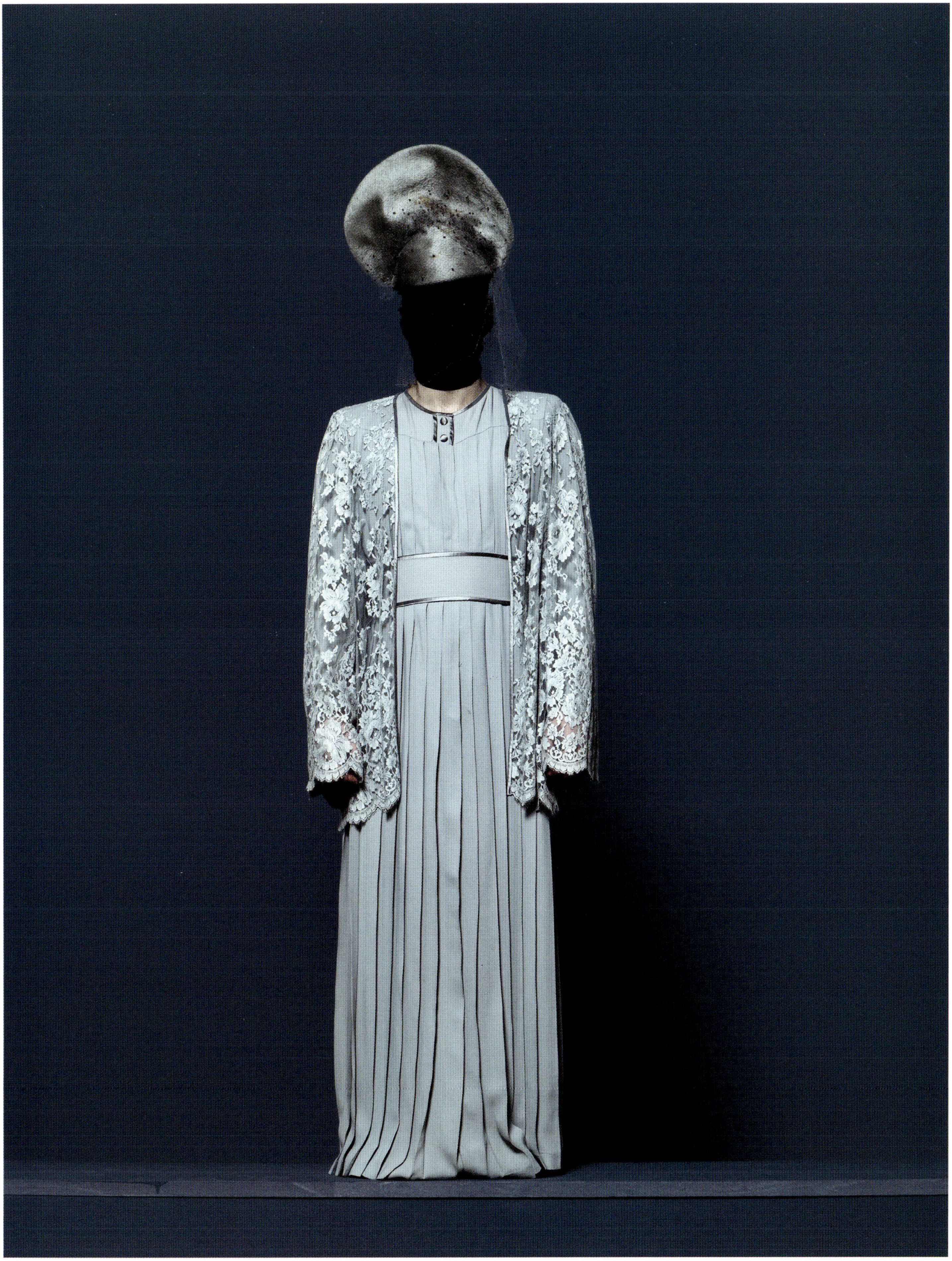

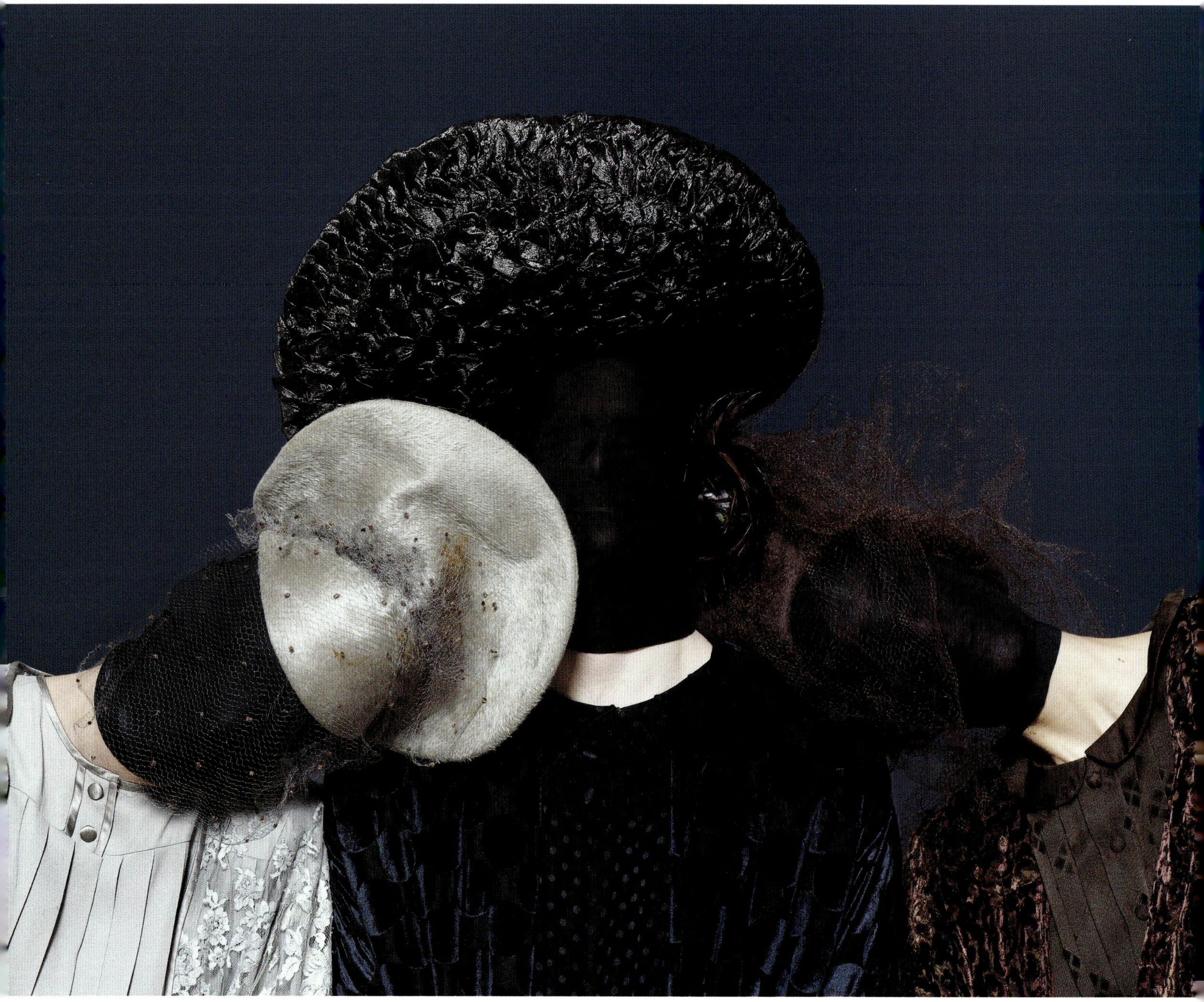

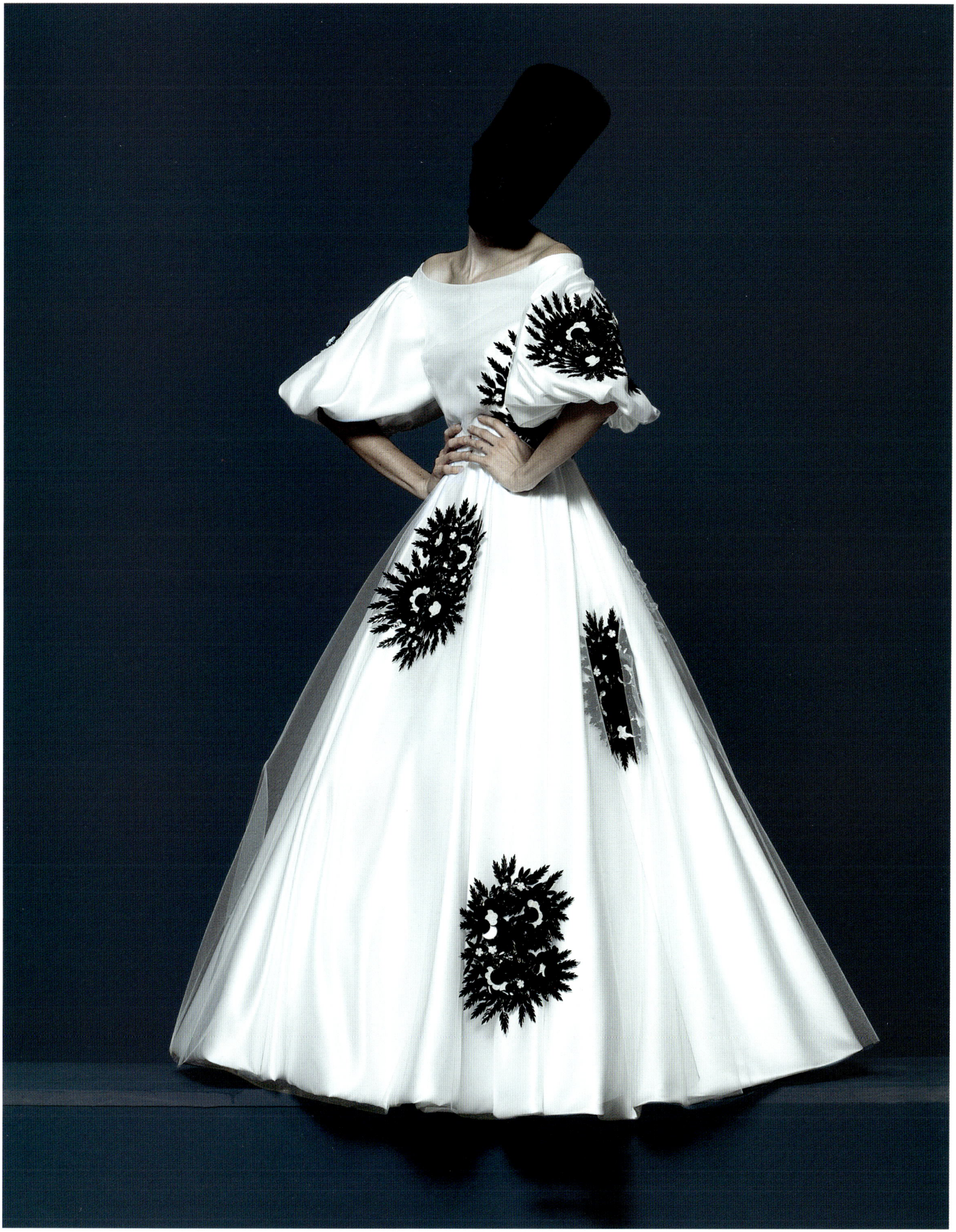

Il Casanova di Fellini
Fellini's Casanova

FEDERICO FELLINI, 1976

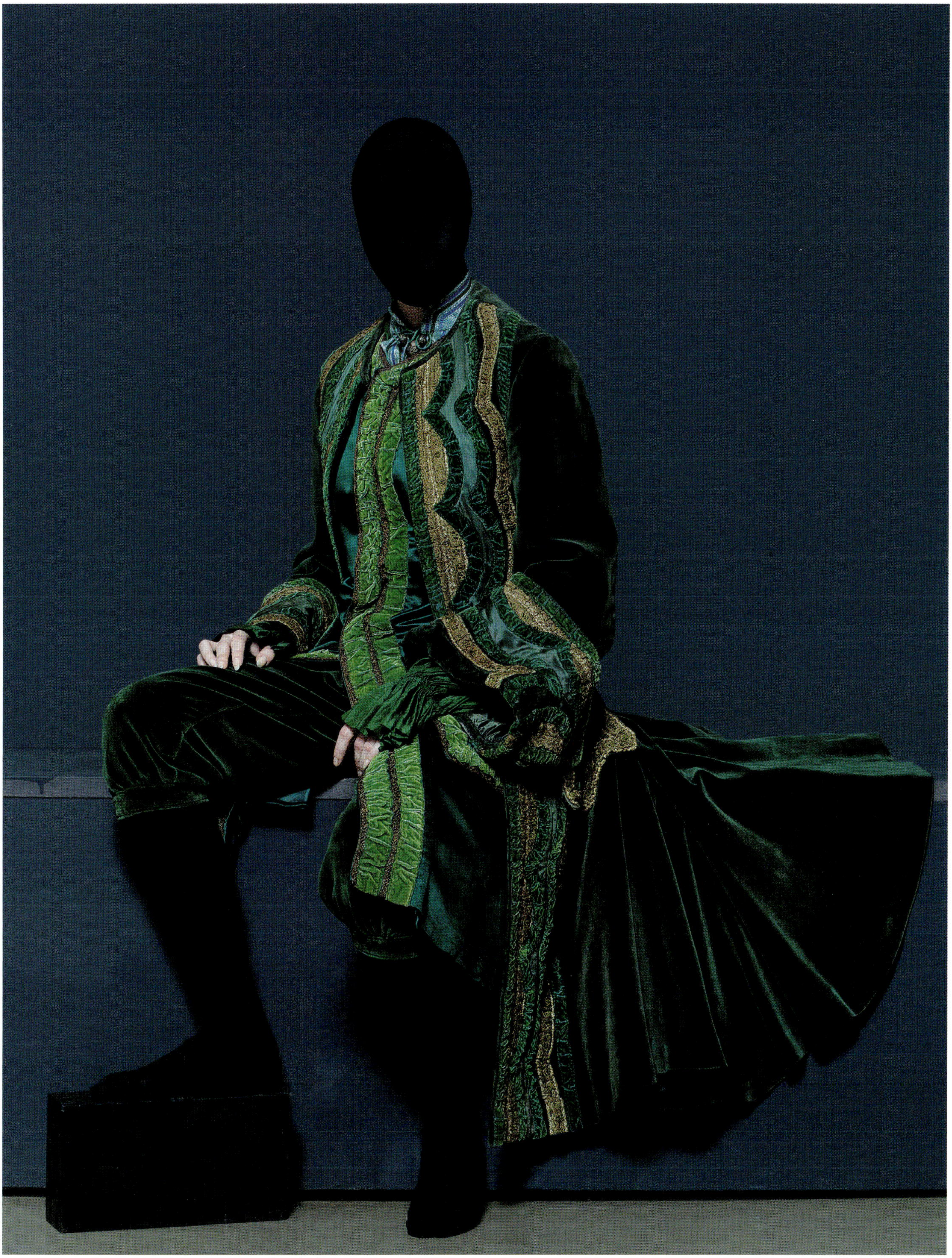

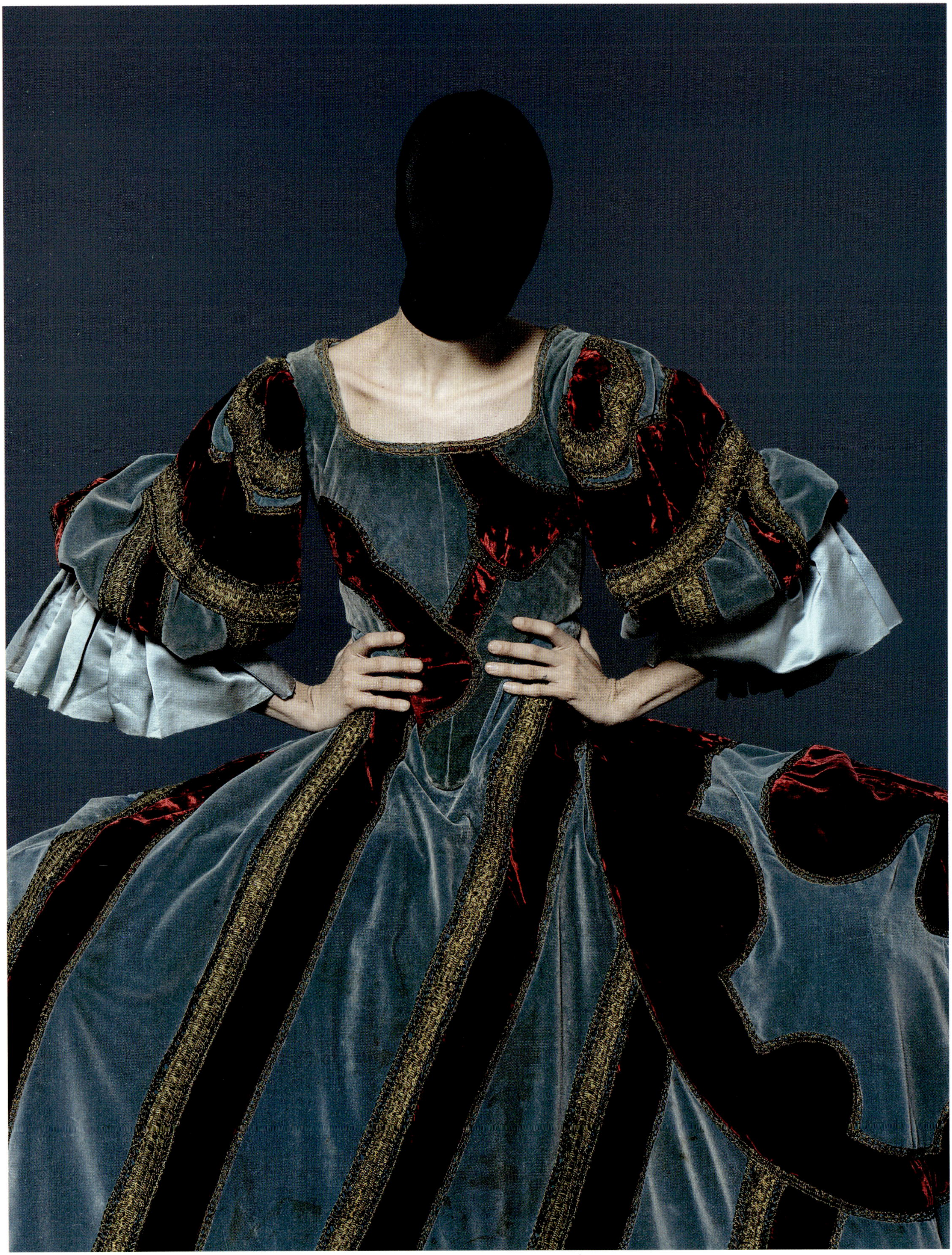

131

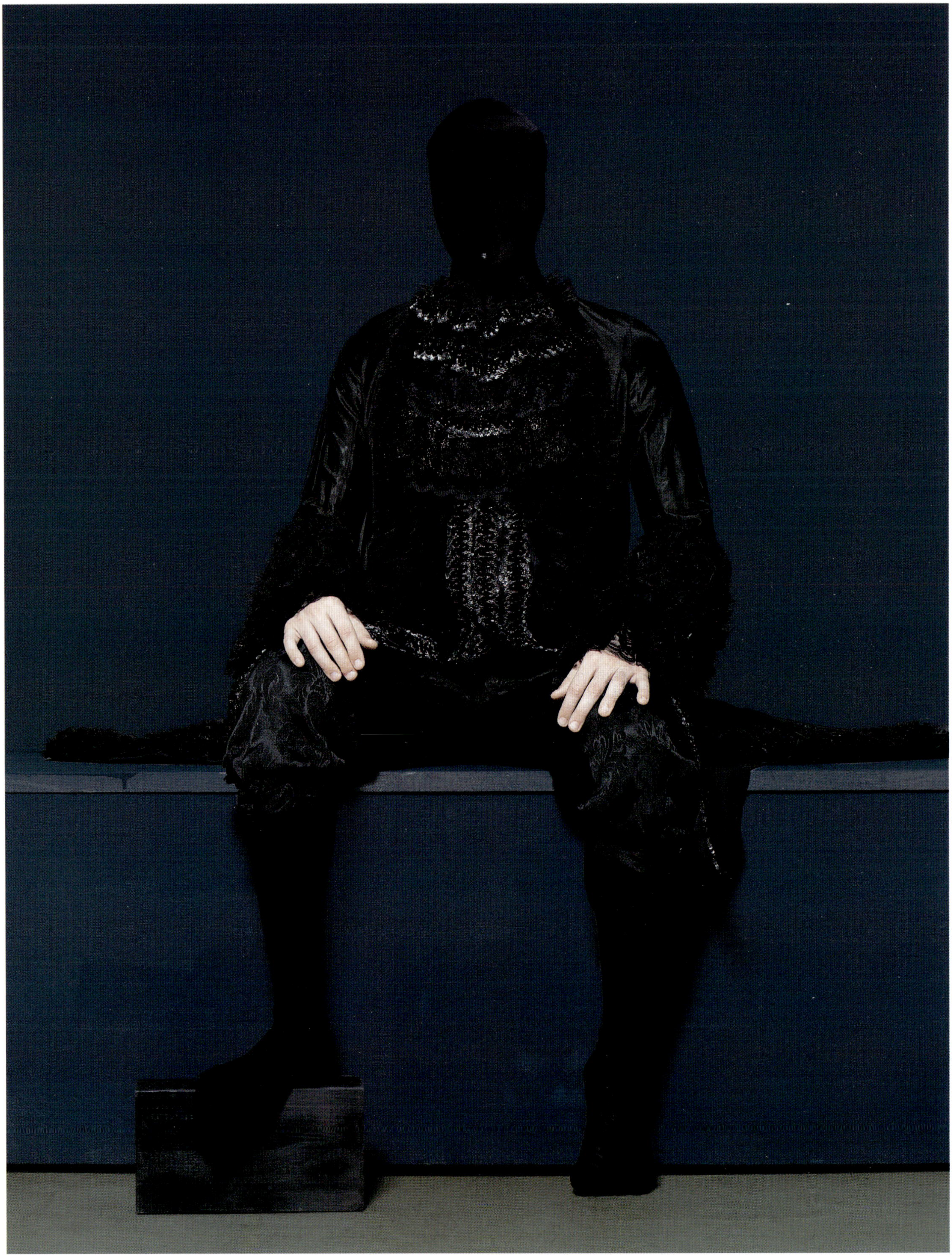

133

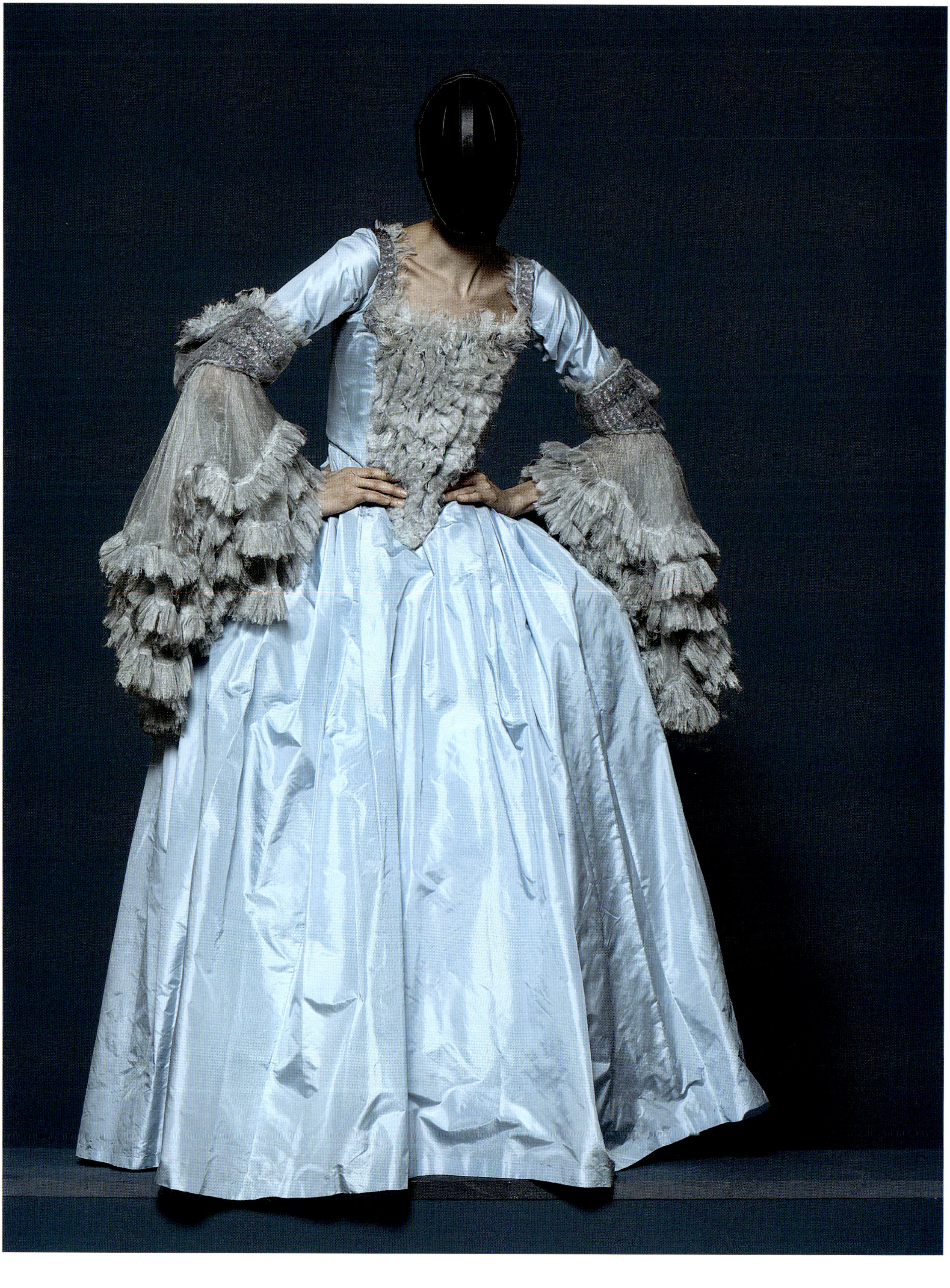

135

APPARATI / APPENDIX

Mustafa Sabbagh

Nasce ad Amman (Giordania) e studia architettura all'Università di Venezia.
Formatosi a Londra come assistente di Richard Avedon, nel 2007 collabora con il prestigioso Central Saint Martins college of Art and Design of London.
Pubblica diversi lavori in numerose testate tra le quali "Arena", "The Face", "Vogue Italia", "L'uomo Vogue", "Mondo Uomo", "Rodeo", "Gatsby", "Front", "Kult", "Zoom on Fashion Trends", "Sport & Street", "D di Repubblica".

Born in Amman, Jordan, Sabbagh studied architecture at the University of Venice. Later he worked in London as assistant to Richard Avedon. In 2007, he collaborated with the prestigious Central Saint Martins College of Art and Design. His work has been published in many magazines, including *Arena, The Face, Vogue Italia, L'Uomo Vogue, Mondo Uomo, Rodeo, Gatsby, Front, Kult, Zoom on Fashion Trends, Sport & Street*, and *D* of *La Repubblica*.

PROGETTI EDITORIALI MONOGRAFICI
PUBLISHING MONOGRAPHIC PROJECTS

2012
Memorie Liquide, Fondazione Ferrara Arte

2010
About Skin, Damiani Editore

2007
Lee jeans book, Berlin

2006
Human Game e / and *Welcome to my House*, Firenze

PROGETTI EDITORIALI COLLETTIVI
PUBLISHING COLLECTIVE PROJECTS

2013
The Naked and the Nude, a cura di / edited by Peter Weiermair, Grafiche dell'Artiere

2006
Human game e/and Welcome to my house, Firenze

2004
Bread and Butter, Berlino

PROGETTI SPECIALI
SPECIAL PROJECTS

2013
Sky Arte *"About skin" su Mustafa Sabbagh*, documentari sulla fotografia
Mustafa Sabbagh, Sights of Zurbàran, Museo dei Diamanti, Ferrara

MOSTRE
EXHIBITIONS

2014
Mustafa Sabbagh un dialogo inventato con Matisse, MLB gallery d, Ferrara
Faceless at Mediamatic Amsterdam, January 26 - April 13, Mediatic Museum, Amsterdam
http://www.facelessexhibition.net/program

2013
L'enigma di Isidore Ducasse, Galleria Melepere Verona, 23 novembre – 22 dicembre
Tutto si muove, a cura di /curated by Franz Paludetto, Castello di Rivara (Torino)
Roma Caput Divina, Palazzo Altemps e Biblioteca Angelica, Roma
Il corpo solitario. L'autoritratto nella fotografia contemporanea, Centro d'arte contemporanea ticino, Bellinzona, Svizzera
Facelessness, MuseumsQuartier 21, Wien, Austria
Fuori dal buio. Out of the dark, Galleria di Arte Moderna e Contemporanea Art&Co, Caserta
Venti Leggeri, Studio Cloud 4, Bologna
Hot, a cura di / curated by Luca Beatrice, De Magistris arte contemporanea, Milano
Solo show, The format-contemporary culture gallery, Milano
Köpfe und: un altro modo di ritrarre, centro d'arte contemporanea ticino, Bellinzona, Svizzera
La Nuit des Images, Musée de l'Elysée, Lausanne, Svizzera
Passaggio a Rivara, Castello di Rivara, Centro d'Arte Contemporanea, Rivara, Torino
Solo, the format, Contemporary culture gallery, Milano
Love, melepere galleria arte contemporanea, Verona
Itinere, compenetrazioni d'artista, Aria art gallery, Firenze

2012
Sublimation and separation, Wrong Weather Gallery, Porto,

Portugal
Past forward, Musei Civici di Bassano del Grappa, Vicenza
Deep inside. Dissociations, Cact (centro d'arte contemporanea ticino), Bellinzona, Svizzera
Hidden Souls, Slam Jam, Ferrara
Memorie Liquide, Museo Giovanni Boldini, Ferrara
Ferite liquide, art don't need tax, Magazzini criminali, Associazione Culturali, Modena
The room gallery, Fashion and Art Photography, Roma
Alis volat propris — WE*dO Gallery in Bangkok, Bangkok, Tailandia

2011
It's time to say goodbye, changing role, Move over gallery, Napoli
Génesis, Bac, Galéria H2O, Barcelona, Spagna
Contemporary Art Foundation San Francisco
The gallery Monolith artspace by Zoltan, Budapest, Ungheria

2010
Mostra Vice Milano, damiani editore | About Skin — www.damianieditore.it
Swimming in blue air, wrong weather gallery, Porto, Portogallo

2009
Festival internazionale di Videoarte, Ferrara
Senza titolo, Studio Vetusta, Modena
Oltre l'epiteliale, Galeria Melepere, Verona
Like us, celebrating Tina Modotti, Arte Fiera, Bologna
Carne, Superstudio più/White uomo, Milano

2008
Like us, Fonderia Napoleonica, Milano

2006
Bau Bau, Galleria 42 contemporaneo, Modena

2005
In miniatura, Studio Vetusta, Modena
Solo carne, Galleria 42 contemporaneo, Modena

2004
Ospite al festival della filosofia, Modena
Women's cycling MusArc, Museo Nazionale dell'Architettura, Ferrara

2003
FiLO, Biella

2002
100 teste, Giovanni Macchia, Piacenza

2001
Ospiti: 10 spazi in città, Ferrara

Crediti fotografici / Photo Credits

Amarcord
© Fondazione Cineteca
di Bologna
foto di / photo Pierluigi Praturlon

La bisbetica domata
Archivio Storico del Cinema,
Roma
autore sconosciuto /
author unknown

I racconti di Canterbury
Archivio Cinemazero Images,
Pordenone
foto di / photo © Mimmo
Cattarinich

Archivio Centro Studi Pier Paolo
Pasolini, Casarsa della Delizia
foto di / photo © Mimmo
Cattarinich

Il Casanova di Federico Fellini
© Fondazione Cineteca
di Bologna
Foto di Pierluigi Praturlon

I clowns
© Fondazione Cineteca
di Bologna
autore sconosciuto
author unknown

Uccellacci uccellini
Archivio Cinemazero Images,
Pordenone
foto di / photo Divo Cavicchioli

Edipo Re
Archivio Cinemazero Images,
Pordenone
foto di / photo Bruno Bruni

Porcile
Archivio Cinemazero Images,
Pordenone
foto di / photo Marilù Parolini

Il Vangelo secondo Matteo
Archivio Cinemazero Images,
Pordenone
foto di / photo Angelo Novi

Intervista
Archivio Storico del Cinema,
Roma
foto di / phot Emilio Lari

Il Decameron
Archivio Cinemazero Images,
Pordenone
foto di / photo Mario Tursi

La mandragola
Museo dell'Immagine, Centro
Cinema Città di Cesena
foto di / photo Divo Cavicchioli

Marianna Ucrìa
© Archivio Gianfranco Salis
foto di / photo Gianfranco Salis

Salò o le 120 giornate di Sodoma
© Archivio Cinemazero Images,
Pordenone
foto di / photo Deborah Beer

Fellini Satyricon
Museo dell'Immagine, Centro
Cinema Città di Cesena
autore sconosciuto

Storie scellerate
Archivio Storico del Cinema,
Roma
autore sconosciuto
author unknown

Per le immagini alle pagine 6-7
e 48: Fondo Danilo Donati, Roma
autore sconosciuto
author unknown

Film fotografati / Photographed Movies

Il Vangelo secondo Matteo
The Gospel According to Matthew
Regia / Director: Pier Paolo Pasolini;
Storia e sceneggiatura / Story and Screenplay: Pier Paolo Pasolini;
Fotografia / Cinematography: Tonino Delli Colli;
Musiche / Music: Luis Bacalov;
Art Direction: Luigi Scaccianoce;
Costumi / Costume Design: Danilo Donati;
Editing: Nino Baragli;
Cast: Enrique Irazoqui, Susanna Pasolini, Marcello Morante, Mario Socrate, Rodolfo Wilcock, Paola Tedesco, Natalia Ginzburg, Ninetto Davoli, Amerigo Bevilacqua, Francesco Leonetti, Franca Cupane, Enzo Siciliano, Giacomo Morante, Alfonso Gatto;
Produzione / Production: Alfredo Bini for Arco Fim;
Anno / Year: 1964

La Mandragola
The Mandragola
Regia / Director: Alberto Lattuada;
Storia / Story: dall'adattamento dell'opera di / Adapted from the play by Niccolò Macchiavelli;
Sceneggiatura / Screenplay: Luigi Magni, Stefano Strucchi, Alberto Lattuada;
Fotografia / Cinematography: Tonino Delli Colli;
Musiche / Music: Gino Marinuzzi Jr.;
Costumi / Costume Design: Danilo Donati;
Editing: Nino Baragli;
Cast: Rosanna Schiaffino, Philippe Leroy, Jean-Claude Brily, Totò, Romolo Valli;
Production: Alfredo Bini for Arco Film;
Anno / Year: 1965

La bisbetica domata
The Taming of the Shrew
Regia / Director: Franco Zeffirelli;
Storia / Story: dall'adattamento dell'opera di / Adapted from the play by William Shakespeare;
Sceneggiatura / Screenplay: Suso Cecchi d'Amico, Franco Zeffirelli e / and Paul Dehn;
Fotografia / Cinematography: Oswald Morris e / and Luciano Trasatti;
Musiche / Music: Nino Rota;
Art Direction: Renzo Mongiardino;
Costumi / Costume Design: Danilo Donati;
Editing: Peter Taylor and Carlo Fabianelli;
Cast: Richard Burton, Elizabeth Taylor;
Production: Royal Film International;
Anno / Year: 1967

Edipo re
Oedipus Rex
Regia / Director: Pier Paolo Pasolini;
Storia / Story: dall'adattamento dell'opera *Edipo* ed *Edipo a Colono* di Sofocle / Adapted from *Oedipus* and *Oedipus at Colonnus* by Sophocles;
Storia e sceneggiatura / Story and Screenplay: Pier Paolo Pasolini;
Fotografia / Cinematography: Giuseppe Ruzzolini;
Musiche / Music: coordinate da / coordinated by Pier Paolo Pasolini;
Art Direction: Luigi Scaccianoce;
Costumi / Costume Design: Danilo Donati;
Editing: Nino Baragli;
Cast: Silvana Mangano, Franco Citti, Alida Valli, Carmelo Bene, Julian Beck, Ninetto Davoli;
Produzione / Production: Arco Film (Roma / Rome), con la partecipazione di / with the participation of Somafis, Casablanca, Morocco;
Anno / Year: 1967

Porcile / Pigsty
Regia / Director: Pier Paolo Pasolini;
Storia e sceneggiatura / Story and Screenplay: Pier Paolo Pasolini;
Fotografia / Cinematography: Armando Nannuzzi (primo episodio / first episode), Tonino Delli Colli, Giuseppe Ruzzolini (secondo episodio / second episode);
Musiche / Music: Benedetto Ghiglia;
Costumi / Costume Design: Danilo Donati;
Editing: Nino Baragli;
Cast: Totò, Ninetto Davoli, Femi Benussi;
Produzione / Production: Primo episodio / First episode - Gianni Barcelloni Corte, BBG; Secondo episodio / Second episode - Gian Vittorio Baldi and IDI Cinematografica (Roma / Rome), I Film dell'Orso, CAPAC Filmédis (Parigi / Paris);
Anno / Year: 1969

Fellini Satyricon
Regia / Director: Federico Fellini;
Storia / Story: liberamente ispirato a Petronio / Freely adapted from Petronius;
Sceneggiatura / Screenplay: Federico Fellini, Bernardino Zapponi;
Fotografia / Cinematography: Giuseppe Rotunno;
Musiche / Music: Nino Rota con la collaborazione di / with the collaboration of Ilhan Mimaroglu, Tod Docksader, e / and Andrew Rudin;
Art Concept: Federico Fellini;
Art Direction: Danilo Donati, Luigi Scaccianoce;
Costumi / Costume Design: Danilo Donati;
Set / Sets: Danilo Donati;
Assistente di produzione / Assistant Production Design: Dante Ferretti, Carlo Agate;
Editing: Ruggero Mastroianni;
Cast: Martin Potter, Hiram Keller, Max Born, Salvo Randone, Mario Romagnoli, Magali Noël, Capucine, Alain Cuny, Lucia Bosè;
Produzione / Production: P.E.A. (Roma / Rome), Les - Productions Artistes Associeés (Parigi / Paris);
Anno / Year: 1969

I Clown / The Clowns
Regia / Director: Federico Fellini;
Storia / Story: Federico Fellini, Bernardino Zapponi;
Sceneggiatura / Screenplay: Federico Fellini, Bernardino Zapponi;
Fotografia / Cinematography: Dario Di Palma;
Operatore / Camera Operator: Blasco Giurato;
Musiche / Music: Nino Rota;
Costumi / Costume Design: Danilo Donati;
Editing: Ruggero Mastroianni;
Cast: Liana, Rinaldo e / and Nando Orfei, Anita Ekberg, Billi, Scotti, Fanfulla, Reder;
Produzione / Production: Rai - O.R.T.F. (Francia / France) - Bavaria Film (R.F.T.) Compagnia Leone cinematografica;
Distribuzione / Distribution: Italnoleggio;
Anno / Year: 1970

Il Decameron / The Decameron
Regia / Director: Pier Paolo Pasolini;
Storia / Story: liberamente ispirato al / freely adapted from *Il Decameron* by Giovanni Boccaccio;
Sceneggiatura / Screenplay: Pier Paolo Pasolini;
Fotografia / Cinematography: Tonino Delli Colli;

Musiche / Music: Ennio Morricone;
Art Direction: Dante Ferretti;
Costumi / Costume Design: Danilo Donati;
Editing: Nino Baragli;
Cast: Franco Citti, Ninetto Davoli, Jovan Jovanovic, Angela Luce, Pier Paolo Pasolini, Giuseppe Zigaina, Silvana Mangano;
Produzione / Production: PEA (Roma / Rome), Les Productions Artistes Associés (Parigi / Paris), Artemis Film (Berlino / Berlin);
Anno / Year: 1971

I racconti di Canterbury
Canterbury Tales
Regia / Director: Pier Paolo Pasolini;
Storia / Story: liberamente ispirato ai *Racconti di Canterbury* / freely adapted from *The Canterbury Tales* by Geoffrey Chaucer;
Sceneggiatura / Screenplay: Pier Paolo Pasolini;
Fotografia / Cinematography: Tonino Delli Colli;
Musiche / Music: Ennio Morricone;
Art Direction: Dante Ferretti;
Costumi / Costume Design: Danilo Donati;
Editing: Nino Baragli;
Cast: Hugh Griffith, Laura Betti, Ninetto Davoli, Franco Citti, Josephine Chaplin, Pier Paolo Pasolini;
Produzione / Production: PEA (Roma / Rome);
Anno / Year: 1972

Amarcord
Regia / Director: Federico Fellini;
Storia / Story: Federico Fellini, Tonino Guerra, da un'idea di / from an idea by Federico Fellini;
Sceneggiatura / Screenplay: Federico Fellini, Tonino Guerra;
Fotografia / Cinematography: Giuseppe Rotunno;
Musiche / Music: Nino Rota;
Art Direction: Danilo Donati;
Costumi / Costume Design: Danilo Donati;
Editing: Ruggero Mastroianni;
Cast: Bruno Zanin, Pupella Maggio, Armando Brancia, Stefano Proietti, Giuseppe Lanigro, Nandino Orfei, Ciccio Ingrassia, Magali Noël, Luigi Rossi, Lino Patruno, Alvaro Vitali;
Produttore / Producer: Franco Cristaldi;
Produzine / Production: F.C. Produzioni (Roma / Rome), P.E.C.F. (Parigi / Paris);
Anno / Year: 1973

Il fiore delle mille e una notte
Arabian Nights
Regia / Director: Pier Paolo Pasolini;
Storia / Story: liberamente ispirata alle *Mille e una notte* / freely taken from *Arabian Nights*;
Sceneggiatura / Screenplay: Pier Paolo Pasolini con la collaborazione di / with the collaboration of Dacia Maraini;
Fotografia / Cinematography: Giuseppe Ruzzolini;
Musiche / Music: Ennio Morricone;
Art Direction: Dante Ferretti;
Costumi / Costume Design: Danilo Donati;
Editing: Nino Baragli;
Cast: Ninetto Davoli, Tessa Bouché, Franco Citti, Franco Merli, Ines Pellegrini;
Produzione / Production: PEA (Rome);
Anno / Year: 1974

Storie scellerate / Bawdy Tales
Regia / Director: Sergio Citti;
Storia / Story: Pier Paolo Pasolini;
Sceneggiatura / Screenplay: Vincenzo Cerami e / and Sergio Citti;
Fotografia / Cinematography: Tonino Delli Colli;
Musiche / Music: Francesco de Masi;
Art Direction: Dante Ferretti;
Costume Design: Danilo Donati;
Editing: Nino Baragli;
Cast: Franco Citti. Ninetto Davoli, Nicoletta Macchiavelli, Ezio Garofalo, Pietro Morgia;
Produzione / Production: Alberto Grimaldi for PEA Fim;
Anno / Year: 1974

Salò o le 120 giornate di Sodoma
Salò or The 120 Days of Sodoma
Adattamento dell'opera di De Sade *Le 120 giornate di Sodoma* / Adaptation of De Sade's *The 120 Days of Sodoma*;
Regia / Director: Pier Paolo Pasolini;
Storia e sceneggiatura / Story and Screenplay: Pier Paolo Pasolinicon la collaborazione di / with the collaboration of Sergio Citti and Pupi Avati;
Fotografia / Cinematography: Tonino Delli Colli;
Musiche / Music: Ennio Morricone;
Art Direction: Danilo Donati;
Costume Design: Danilo Donati;
Editing: Nino Baragli, Tatiana Casini Morigi;
Cast: Paolo Bonacelli, Uberto Paolo Quintavalle, Giorgio Cataldi, Aldo Valletti, Caterina Boratto, Hélène Surgère, Elsa de' Giorgi, Sonia Saviange, Ines Pellegrini;
Production: PEA (Roma / Rome) / Les Productions Artistes Associés (Parigi / Paris)
Anno / Year: 1975

Il Casanova di Fellini
Fellini's Casanova
Regia / Director: Federico Fellini;
Storia / Story: Liberamente ispirato alla *Storia della mia vita* di Giacomo Casanova / Freely from *Story of My Life* by Giacomo Casanova;
Sceneggiatura / Screenplay: Federico Fellini, Bernardino Zapponi;
Fotografia / Cinematography: Giuseppe Rotunno;
Musiche / Music: Nino Rota;
Poesie in dialetto veneto / Poems in Venetian dialect: Andrea Zanzotto;
Ideazione del set / Set Concept: Federico Fellini;
Art Direction: Danilo Donati;
Costumi / Costume Design: Danilo Donati;
Editing: Ruggero Mastroianni;
Cast: Donald Sutherland, Tina Aumont, Cicely Browne, Carmen Scarpitta;
Produzione / Production: PEA;
Anno / Year: 1976

Silvana Editoriale S.p.A.
via Margherita De Vizzi, 86
20092 Cinisello Balsamo, Milano
tel. 02 61 83 63 37
fax 02 61 72 464
www.silvanaeditoriale.it

Stampato in Italia nel mese di marzo 2014